As pequenas grandes coisas da vida

CARO LEITOR,

Queremos saber sua opinião sobre nossos livros.

Após a leitura, curta-nos no facebook/editoragentebr,

siga-nos no Twitter @EditoraGente, no Instagram @editoragente

e visite-nos no site www.editoragente.com.br.

Cadastre-se e contribua com sugestões, críticas ou elogios.

Boa leitura!

HENRY FRASER

As pequenas grandes coisas da vida

PREFÁCIO DE
J.K. ROWLING

Tradução
Ricardo Lelis

Gente editora

Diretora
Rosely Boschini

Gerente Editorial
Carolina Rocha

Assistente Editorial
Juliana Cury Rodrigues

Controle de Produção
Fábio Esteves

Tradução
Ricardo Lelis

Preparação
Adriana Bairrada

Projeto Gráfico e Diagramação
Balão Editorial

Revisão
Fabiana Medina

Capa
Thiago de Barros

Imagem e Lettering da Capa
Henry Fraser

Impressão
Assahi Gráfica

Titulo original: *The little big things*
Publicado mediante acordo com a Seven Dials, um selo do The Orion Publishing Group Ltd., Londres.

Rua Wisard, 305, sala 53
São Paulo, SP — CEP 05434-080
Telefone: (11) 3670-2500
Site: www.editoragente.com.br
E-mail: gente@editoragente.com.br

Dados Internacionais de Catalogação na Publicação (CIP)
Angélica Ilacqua CRB-8/7057

Fraser, Henry
As pequenas grandes coisas da vida / Henry Fraser; tradução de Ricardo Lelis. – 1ª ed. – São Paulo: Gente, 2018.
144 p.

ISBN 978-85-452-0247-9
Título original: *The little big things*

1. Autoajuda 2. Felicidade 3. Paraplégicos – Reabilitação 4. Deficientes físicos – biografia I. Título II. Lelis, Ricardo

18-0412 CDD-158.1

Índice para catálogo sistemático:
1. Autoajuda

Para minha mãe, meu pai e meus irmãos, Tom, Will e Dom, que sempre estiveram ao meu lado. Vocês deram tanto de suas vidas para que eu pudesse viver a minha. Sem vocês não sei onde eu estaria agora.

Para meus amigos que me apoiaram desde o início. Vocês nunca viram minha deficiência como barreira, mas como uma maneira de criar novas memórias.

Sumário

Prefácio

Henry Fraser é uma das pessoas mais notáveis que já conheci.

Antes do acidente que transformou sua vida, Henry era inteligente, talentoso e bonito, o que, a maioria de nós concordaria, é o suficiente para se seguir adiante. As circunstâncias ainda não tinham se configurado para revelar a pessoa excepcional que Henry era de verdade. Mas então ele saiu de férias com os amigos, mergulhou no oceano e tudo mudou num segundo.

Deparei-me com a história de Henry por acaso. Visitei o site do clube de rúgbi dos Saracens só para checar os detalhes de uma competição esportiva mencionada num romance policial que eu estava escrevendo. A história de Henry chamou minha atenção e, na grande tradição de todos os romancistas pesquisando, prontamente abandonei o que deveria estar fazendo para ler algo muito mais interessante.

Poucas semanas mais tarde, meu amigo e agente, Neil Blair, começou a contar a história de um jovem que ele tinha acabado de aceitar como cliente. O relato soava muito familiar: "Neil, esse não é o Henry Fraser, é?".

E assim, com um agente em comum como minha desculpa, entrei em contato com Henry. Conversamos on-line por um tempo e finalmente nos encontramos em sua primeira exposição de arte, que documentava sua jornada de pintura com a boca desde os primeiros desenhos até pinturas lindas e completas. Ele fez um discurso naquela noite que, estou certa, permanecerá com todos que o ouviram. Sua honestidade, sua modéstia, a maneira inabalável com a qual descreveu tanto o acidente quanto o modo como se adaptou às consequências dele e foi aproveitando ao máximo uma vida que ele não esperava, era surpreendente.

Sigo Henry no Twitter e converso com ele regularmente pelas mensagens diretas. A maioria das pessoas responde para ele como eu fiz: com admiração colorida de reverência. Ocasionalmente, no entanto, eu o vejo lidar com outro tipo de atenção. Uma mulher lhe disse que ele estava sendo punido pela estupidez de mergulhar com imprudência no oceano. Um homem zombou dele por enganar a todos: como poderia usar o Twitter se estava realmente paralisado?

Você quase pode sentir o medo nesses comentários infelizes. Aceitar a realidade da história de Henry significa pensar em desafios e privações que alguns acham terríveis demais para contemplar. A atribuição da culpa é uma maneira de tentar desviar a simples verdade de que a existência de qualquer pessoa pode sofrer uma mudança súbita, irreversível e inevitável.

Nós, humanos, somos mais frágeis do que gostamos de pensar. O destino forçou Henry Fraser por um caminho terrível para o qual nenhuma preparação era possível. Ele tinha de encontrar seu próprio rumo de volta a uma existência que vale a pena viver e, ao fazê-lo, revelou-se uma pessoa de extraordinária perseverança, força e sabedoria. Ele se motiva tanto física quanto mentalmente, superando as expectativas em todas as direções, arrecadando dinheiro para causas com as quais se preocupa e tornando sua arte mais completa a cada desenho e pintura que produz.

Acima de tudo, Henry é uma prova viva de que aceitação e aspiração não são mutuamente exclusivas. Quantos de nós realmente podemos dizer que aceitamos os fatos que ocorrem em nossa vida, enquanto a vivemos em toda a sua extensão? É compreensível enfurecer-se contra as limitações do presente, mas às vezes fazemos delas a nossa desculpa para não agir, para não fazer tudo o que podemos: para nós mesmos, para os outros, para o mundo.

Henry continua inteligente, talentoso e bonito, mas agora é algo mais, ainda mais raro: alguém verdadeiramente inspirador. Ele é notável não pelo que aconteceu com ele, mas pelo que faz acontecer. Este livro é apenas sua mais recente conquista, e ninguém que o conhece duvida que há muito mais por vir. Estou realmente orgulhosa de considerá-lo um de meus amigos.

J. K. Rowling

1

Um breve momento

A vida era boa. O 12º ano da Escola Secundária[1] na minha nova escola tinha sido brilhante — o rúgbi, a vida social, o infinito senso de aventura e as possibilidades que vieram por estar em Londres —, e, quando meus novos colegas me convidaram para viajar de férias depois dos exames de verão, não hesitei em aceitar. Éramos um grupo unido e passávamos o tempo juntos dentro e fora da escola e do campo de rúgbi, e uma semana numa casa de veraneio na Praia da Luz parecia ser uma ótima maneira de terminar o ano letivo.

Quase não consegui ir. No portão de embarque — despachada a bagagem *e* passado o controle de segurança —, o atendente que verificava os cartões de embarque me disse que eu não

---

1. No sistema escolar inglês, há dois anos no fim da escola secundária, não obrigatórios, que compõem o Sixth Form (12º e 13º ano). (N. E.)

podia entrar no avião porque meu passaporte havia expirado. Minha mala foi devolvida e tive de dar a volta, trilhar o caminho da vergonha, retornar pelo portão de embarque e tomar um trem de volta a Hertfordshire, pensando que então não havia como ir a Portugal. Felizmente, meus pais eram compreensivos. Não tínhamos viajado muito para o exterior e, portanto, não tinha ocorrido a nenhum de nós verificar meu passaporte antes de eu viajar. Quando cheguei em casa, irritado e desapontado, disse à minha mãe que eu não poderia ir, uma vez que seria tão trabalhoso fazer com que eu estivesse lá a tempo. Mas eles podiam ver o quanto aquelas férias significavam para mim e fizeram o que pais amáveis fazem. Meu pai tirou o dia de folga para que pudéssemos ir a Liverpool, o lugar mais próximo — a aproximadamente 320 quilômetros da minha casa — onde poderíamos obter um novo passaporte bem rápido, enquanto minha mãe pedia uma nova passagem para Portugal, e, sem muita confusão, juntei-me aos meus amigos a tempo para o jantar na noite seguinte.

Eu nasci para estar lá. Naturalmente tímido e muitas vezes mais feliz na minha própria companhia, me adaptei bem à minha nova escola. Seguindo os passos de meu irmão Will, fui aceito, depois dos exames para os GCSEs[2], como aluno interno semanal no Dulwich College em uma bolsa de estudos de

2. General Certificate of Secondary Education (GCSE) é uma qualificação acadêmica que os estudantes britânicos obtêm geralmente aos 16 anos, após concluir o 11º ano (N.T.).

esportes e joguei durante um ano na liga First XV como asa/centro. A maioria dos meus amigos pertencia à equipe, e significou muito para mim ter sido aceito como parte do time, dentro e fora do campo.

Chegar a Portugal um dia atrasado realmente não fez muita diferença — embora tivesse de usar um colchão que parecia estar cheio de concreto —, e logo entrei no ritmo do feriado: dormir até tarde, tomar café da manhã, ir até a praia para atirar uma bola de rúgbi, pegar um bronze, nadar e descontrair, voltar para a casa para cozinhar com meus companheiros. Meus amigos Marcus e Hugo vinham a este ponto em particular do Algarve por anos e tinham feito amizade com os habitantes locais e visitantes regulares de mesma idade. À noite, nós nos encontrávamos com alguns dos amigos deles para uma noitada em Lagos, voltando para casa cedo no dia seguinte, uma ou duas vezes a tempo para ver o nascer do sol. Estas foram minhas primeiras férias no exterior sem a presença de adultos, e estava determinado a viver cada segundo, dia e noite.

No quinto dia, como em todos os dias anteriores, estávamos na praia jogando um pouco de futebol/rúgbi. Era meio da tarde e a praia estava animada com famílias; crianças brincando, correndo dentro e fora do mar. O sol estava feroz e quente, e, quando ficou excessivo, Rory e Marcus correram para o mar para se refrescar. Eu já tinha nadado mais cedo e sabia o quão refrescante estava a água. Ao vê-los, de repente desejei esse momento em que, com a cabeça submersa, meu corpo se recuperaria do calor. Corri atrás deles, evitando as crianças que faziam castelos de areia na parte plana e úmida da praia.

Corri para o mar até a água estar na altura da cintura e então, como já havia feito centenas de vezes naquela semana, mergulhei. Mas, desta vez, quando caí, bati a cabeça no fundo do mar. Ao abrir os olhos, encontrei-me flutuando abaixo da superfície da água, com o rosto para baixo, os braços pendurados sem vida na minha frente, incapaz de mover qualquer parte abaixo do pescoço. O silêncio do mar, que atravessava meus ouvidos, era o som mais aterrador que já ouvira. Não conseguia me mexer e não conseguia respirar, e, mesmo que fosse apenas por uma questão de segundos, parecia ser para sempre. Estava com medo e desamparado. Praguejava sem parar, desesperado por uma maneira de permanecer vivo e respirar. Pensei que era o meu fim.

Escutei Marcus perguntando se eu estava bem. Ouvi Hugo gritar: “Fraser, pare de zoar. Pegue essa”, quando uma bola atingiu a água. Eu precisava dizer-lhes que não estava zoando e consegui virar a cabeça para um lado — o movimento de um minuto que tanto me salvou a vida quanto a mudou de forma irreparável — e tirar metade da boca para fora da água para dizer: “Socorro”. Escutei Hugo gritar para Marcus, e, juntos, eles me arrastaram pelo mar para a praia e me deitaram de costas. A essa altura, todos os meus companheiros estavam em cima de mim, suas expressões incapazes de esconder o pânico. “Caras, desculpem”, consegui dizer, “acho que posso ter arruinado as férias”. Antes que eles pudessem dizer qualquer coisa, senti alguém segurar minha cabeça, dizendo-me para não mover nada. Dois rapazes ingleses — ex-treinadores de rúgbi, por acaso — tinham me visto ser arrastado para fora da água e vieram ajudar. Eles me levantaram e deslizaram meu corpo com muito cuidado até uma prancha de bodyboard e me cobriram com toalhas para me fazer parar de tremer de frio. Stuart, que se apresentou enquanto segurava minha cabeça, me disse, com calma e firmeza, para não entrar em pânico, que provavelmente era apenas um pescoço comprimido e que uma ambulância estava a caminho. Ele me perguntou se eu poderia mover minha mão direita, e achei que poderia. Mais tarde, disseram-me que aquele era o meu corpo em espasmo, um movimento totalmente involuntário.

O estranho foi que, no começo, eu realmente não estava em pânico e era como se tudo estivesse acontecendo em câmera lenta. Eu ainda podia ouvir o mar, ainda podia ouvir as crianças brincando com a água e rindo, ainda podia sentir o sol no meu rosto. Mas, à medida que os minutos passavam e ainda não conseguia sentir *nada,* não conseguia mover um músculo, fui sendo dominado pelo terror. Tive uma visão paralela de mim mesmo levantando e continuando como antes, ao mesmo tempo em que estava duro com a percepção de que algo muito, muito ruim estava acontecendo.

Então as coisas aconteceram rapidamente. Os paramédicos chegaram, colocaram meu pescoço em um imobilizador, me levantaram em uma maca e me levaram para outra parte da praia, onde um helicóptero esperava para me transportar para o hospital. Meus amigos correram ao meu lado, e perguntei se Marcus poderia vir comigo, mas ele foi impedido pelos paramédicos. A essa altura, entrei em pânico em voz alta, ainda não entorpecido pelo trauma, e, se não fosse pela paramédica que segurou minha mão e falou comigo o tempo todo — seu inglês mal falado, macio e gentil —, a jornada teria sido muito pior. Ela me disse que eu estava ótimo, respirando por conta própria, a caminho do melhor hospital de Lisboa, onde seria atendido pelos melhores médicos e, o que quer que acontecesse, tudo ficaria bem. Como eu estava aprendendo, a bondade de desconhecidos é uma coisa maravilhosa.

Assim como você vê nos seriados de hospitais de TV, minha maca atravessou as portas do pronto-socorro, onde a equipe médica estava me esperando. Minha paramédica se despediu e me desejou sorte, e, quando ela saiu, tive uma sensação esmagadora de que ninguém sabia onde eu estava. Eu queria meus pais mais do que qualquer coisa. Havia muita conversa sobre mim ao meu redor que não conseguia entender e perguntei se eu poderia usar o telefone para ligar para meus pais. Mas não havia tempo. Eles precisavam me levar diretamente para o raio-X. Isso tomou alguns segundos, e acho que devo ter viajado um pouco porque a próxima coisa que senti foi um creme sendo aplicado nos lados do meu rosto e então o que pareciam — e, na realidade, eram mesmo — parafusos sendo inseridos em ambos os lados da minha cabeça. Fiquei preso a um grande imobilizador de metal, uma espécie de halo sobre minha cabeça, apertado em um sistema de roldanas com pesos ligados a ele. Ao esticar meu pescoço, os médicos esperavam que minha quarta vértebra — que agora estava completamente fora de alinhamento — deslizasse de volta para o lugar. O tempo diria.

Eu ansiava pelos meus pais. Não tinha certeza se alguém no mundo sabia onde eu estava. Naquela manhã eu estava fritando ovos para o café da manhã, a única preocupação boba em minha mente era como eu tinha ido nos exames de AS Level[3], e agora eu estava imóvel, coberto de areia, numa cama totalmente estranha, com vinte quilos pendurados no meu pescoço. Enquanto eu via o relógio contar regressivamente os segundos, saí de um pesadelo para outro e depois outro, enquanto a enfermeira que me fora designada segurava minha mão.

Embora eu não soubesse, durante aquela primeira noite agitada meus pais estavam a caminho. Supondo que eu tivesse sido levado da praia para o hospital local em Portimão, como um dos médicos lhes havia dito, meus amigos passaram o resto do dia procurando por mim freneticamente, e foi só muito mais tarde quando, por acaso, deram de cara com um dos paramédicos que estiveram na praia, que colocou os pingos nos is

3. AS Level é uma qualificação acadêmica obtida por estudantes britânicos geralmente aos 16 anos (N.T.).

e disse-lhes que eu estava a 300 quilômetros de distância em Lisboa. Existem quatro hospitais em Lisboa, por isso, com a ajuda dos amigos falantes de língua portuguesa de Marcus e Hugo, eles finalmente conseguiram rastrear-me em São José. Eles então chamaram o pai de Marcus, que é médico, e ele contou a notícia para meus pais.

Chegando ao hospital, meus pais pediram para me ver de imediato, mas foram informados que eu não estava "pronto" e, em vez disso, foram levados para conversar com o cirurgião que, sem hesitação, disse-lhes que eu havia rompido a medula espinhal e não poderia andar nem usar os braços novamente; que eu ficaria tetraplégico para o resto da vida. Até hoje, não consigo imaginar o choque que meus pais experimentaram. Eles me viram pela última vez sair feliz em disparada pela porta da frente, mostrando meu novo passaporte, ansioso para partir. Sou o terceiro de quatro irmãos e nossa vida foi dominada pelo esporte e pela atividade. Alguém sempre em movimento, indo ou voltando de uma corrida ou da natação ou rúgbi, nós quatro, bem como minha mãe e meu pai, cheios de energia e movimento. Atividade era a nossa *vibe.*

Minha mãe me contou depois — bem depois — que enquanto a reação do meu pai tinha sido de tanto susto que ele nem sequer conseguira falar, ela começou a gritar. E depois de ter gritado por alguns segundos, o cirurgião teve a presença de espírito — e anos de dura experiência — de dizer aos meus pais que este era o momento em que eu mais precisaria deles.

Que, a partir do instante em que eu os visse, eles precisariam convocar todas as forças que já tinham sentido e ser tão resilientes e positivos quanto possível. Não falsamente alegres ou excessivamente animados, mas calmos, equilibrados e, o mais importante, fortes para mim. Ele olhou diretamente para a minha mãe e disse: "Sra. Fraser, seu filho precisa de você mais do que nunca. Você não tem escolha. Deve ser forte para ele a partir deste momento".

Para minha mãe, aquelas palavras a levaram para anos atrás, pois ela se lembrou de estar no pronto-socorro com sua mãe e a irmã de 13 anos, que desabara de dor com um abscesso no cérebro. A enfermeira pegou sua mãe pelos ombros e disse-lhe: "Sra. Wallace, controle-se. Você tem de ser forte". Minha mãe tinha prestado atenção naquelas palavras que foram ditas a minha avó e, naquele momento de lembrança, sabia que tinha apenas uma escolha. Ela pediu para ser levada para me ver *imediatamente*.

Meus pais não precisavam ser informados de que tinham de estar lá por mim — seu amor sempre foi incondicional e constante —, mas precisavam ouvir que sua força e reação positiva para mim e minha situação, desde o primeiro segundo que eles me vissem, seriam uma das principais motivações em me ajudar a me adaptar e aceitar o que tinha acontecido comigo, dar a forma e a estrutura aos próximos dias, meses e anos.

Aquilo não impediu as lágrimas de caírem quando eles estavam no meu leito. "Sinto muito, mãe e pai", eu disse, tentando ser forte para eles. "Fiz a coisa mais estúpida."

Sem se abalar, minha mãe disse: "Não, você não fez, Henry. Seja lá o que for, nós passaremos por isso juntos". Com essas palavras, eu sabia que não estava sozinho e que, independentemente do que acontecesse nos próximos dias, eu teria meus pais ao meu lado. É difícil explicar o quanto significou ouvi-los dizer isso; a percepção de que eu não estava indo para o desconhecido sozinho. A concessão de apoio em um momento de crise é certamente, e acima de tudo, o que faz você sentir que pode enfrentar o próximo minuto, e o seguinte, e o momento de ouvi-los dar voz ao que sempre esteve lá, mas que agora eu precisaria mais do que nunca, foi um dos mais importantes da minha vida.

Até esse ponto estava me sentindo relativamente bem. Aterrorizado, mas fisicamente bem. A única dor que senti foi quando a tração foi colocada na minha cabeça, mas ironicamente por uma lesão tão grave, nada mais. Minha temperatura e pressão arterial estavam estáveis, e, embora ainda estivesse com os pesos atados à cabeça, consegui conversar. Talvez estivesse assim porque a adrenalina me fez seguir adiante, mas, logo depois que meus pais chegaram, minha frequência cardíaca e os níveis de oxigênio caíram rapidamente. Fui levado depressa para o raio-X novamente para avaliar o impacto da tração. De maneira devastadora, porque eu estava tão em forma por causa do rúgbi, tinha muito músculo no pescoço e, desde que bati a cabeça com tanta força, esses músculos haviam entrado num tipo de choque de enrijecimento, e meu pescoço não se movia, nem mesmo um milímetro. Como consequência disso e da pulsação que rapidamente falhava, fui levado para a sala de cirurgia, onde o cirurgião abriu meu pescoço em uma tentativa que durou sete horas para alinhar as vértebras, mas isso também não teve êxito.

E foi quando tudo ficou pior do que parecia. Desde o momento em que voltei da anestesia, eu soube, em questão de segundos, que minha vida havia mudado de maneira irreversível. Eu estava em um estado completamente diferente do dia anterior. Dois grandes tubos estavam na minha boca e na minha garganta. Estava em um ventilador que respirava por mim. Outro grande tubo subia pelo meu nariz e descia até o estômago, pelo qual eu estava sendo alimentado com um suplemento líquido especial, pois não conseguiria comer nem beber por um bom tempo, e recebia antibióticos aplicados por via intravenosa. Não soube disso de imediato, mas eu havia contraído SARM[4] e pneumonia.

Se eu pensava já ter entrado em pânico quando bati a cabeça, estava enganado. Agora entrava em pânico no sentido real da palavra. Estava consumido pelo medo e pela escuridão. Estava bravo e desesperado para levantar e ir embora. Não podia mover os braços nem as mãos, e com a boca e a garganta agora cheias de tubos, não conseguia me fazer entender. E essa agitação interna frenética teve um efeito físico agudo. Estava começando

4. *Staphylococcus aureus* resistente a meticilina (SARM) é uma bactéria que sofreu mutação e se tornou resistente a uma ampla gama de antibióticos, o que torna as infecções causadas por ela mais difíceis de serem tratadas (N.T.).

a ter ansiedade e ataques de pânico. Isso fez com que minha frequência cardíaca caísse tão dramaticamente que nada era registrado nos monitores e ela chegou a zero. No decorrer da semana seguinte, isso aconteceu sete vezes e apaguei completamente, até os monitores apitarem e as enfermeiras correrem para o meu leito, me trazendo à vida mais uma vez pela ação rápida de uma enfermeira que perfurou minha garganta

Meu coração estava falhando, e isso acontecia de maneira rápida. Eu estava vagamente ciente de que um marca-passo tinha sido conectado ao meu coração para regular os batimentos cardíacos. A caixa foi colocada ao lado da minha cabeça, o tique-taque ridiculamente alto. Delirava de febre. Estava com raiva e frustrado e queria me arrastar para fora do meu corpo inútil e deixá-lo na cama.

Os dias seguintes foram um pesadelo. Eu estava perigosamente doente, todas as opções para realinhar minhas vértebras e salvar meu pescoço do dano permanente agora estavam suspensas, pois o risco de uma operação adicional era muito grande. Se não fosse por meus pais, eu teria ido dormir e com prazer não despertaria. Mas eles me fizeram seguir adiante, ao meu lado por horas e horas, lendo para mim, pedindo minha ajuda para resolver palavras cruzadas, conversando, contando histórias e lendo mensagens de meus irmãos, minha família estendida, meus amigos e suas famílias, e qualquer outra pessoa que conheciam. Elaboramos um sistema para eu (tentar) me fazer entender — eles passavam pelo alfabeto e quando chegavam à letra certa, eu fazia um barulho. Então, recomeçavam para a próxima letra e assim por diante, escreviam e pronunciavam a palavra quando estava completa. O bom é que tivemos muito tempo para "conversar". Demorou quarenta e cinco minutos para que eu fizesse com que dissessem James Martin quando terminaram um jogo de trívia sobre *chefs* britânicos. Fiquei quieto quando soube que Antony Worrall Thompson era a próxima resposta.

Até hoje me surpreende o quão pouco meus pais revelaram o estresse e o susto que estavam passando enquanto se sentavam na minha cama, apoiando-me e me amando. Eles já me disseram — porque perguntei — quão sombrios e terríveis foram esses primeiros dias, sozinhos em um país em que não falavam a língua, sem saber se eu conseguiria sair dali, passando de um horror a outro. Eles tiveram de largar tudo, deixando meu irmão mais novo sob os cuidados de outras pessoas, seus negócios abandonados, e lidar com a possibilidade de que a vida de agora em diante nunca voltaria a ser a mesma. É prova de sua força como indivíduos e como um casal o que eles conseguiram superar naqueles dias, e notável para mim como eles nunca sucumbiram. Isso me ensinou muito — que, com o amor dos outros, quem quer que seja, você pode enfrentar a escuridão e olhar para o outro lado.

Quando voltei das febres estratosféricas e o trauma da primeira operação diminuiu, houve uma última chance de salvar meu pescoço, desta vez acessando-o pelas costas. Ainda posso ver as luzes no teto enquanto me levavam para a sala de operações. A parte do hospital em que eu estava era elegante e de alta tecnologia, mas as demais dependências ainda estavam alojadas nos restos de um antigo mosteiro, e, quando fui levado pelos corredores, pensei: *se eu acordar e puder caminhar, nunca vou dar nada por garantido, nunca mais.*

A operação foi um sucesso na medida em que, dessa vez, os cirurgiões conseguiram realinhar meu pescoço aparafusando e colocando as vértebras danificadas de volta ao lugar. Meu pescoço ficaria a salvo de ferimentos adicionais, um fator crucial para seguir adiante. Quando acordei, no entanto, eu não podia dizer que algo havia mudado, estava no mesmo estado que antes, febril e imóvel, sem saber o que estava acontecendo. Quando meus pais deixaram a sala para falar com o médico, um enfermeiro, que estava verificando meus sinais vitais, me disse que nunca mais eu poderia mover os braços e pernas, e pensei: *o quê? Isso é loucura.* Não conseguia processar o que ele estava dizendo; não era possível que aquilo fosse verdade. Olhando para trás, devo ter me protegido de alguma forma do horror daquelas palavras, transferindo-as para a delirante massa de pensamentos que invadiam minha mente. Foi muito, muito mais tarde que consegui atribuir a essas palavras o sentido do que realmente significavam.

Agora que a equipe portuguesa havia corrigido minhas vértebras, havia pouco que podiam fazer por mim em curto prazo, então eu só precisava me recuperar o suficiente para ser levado para casa. Lentamente, as febres e os pesadelos me abandonaram, bem como o pânico e a angústia — às vezes por mais de alguns segundos —, e quando penso em todos os traumas e sofrimentos, houve momentos felizes, especialmente quando assisti a um DVD da final da Copa do Mundo de Rúgbi de 2003 com meu pai. À noite, quando a ala estava silenciosa e meus pais saíam para comer algo, nos meus sonhos febris ocorria todo tipo de alucinação estranha naquele curto período de sono.

2

As pequenas grandes coisas da vida

Ser transferido de Portugal para a Inglaterra foi horrível, mas na verdade não percebi, na época, quão traumático tinha sido. Fato desconhecido para meus pais ou para mim, neste ponto não só tinha SARM e pneumonia, mas também estava com septicemia. No começo, o piloto e o assistente médico se recusaram a me levar já que eu estava tão mal, mas a habilidosa negociação dos médicos portugueses finalmente os persuadiu a nos levar para casa. Eu estava fortemente sedado durante a jornada, mas aquilo não me impediu de estar muito mal e ter vários ataques de pânico no meio do voo.

Chegando ao hospital Stoke Mandeville em Buckinghamshire, fui colocado em uma sala lateral na Unidade de Terapia Intensiva (UTI), tão longe quanto possível de outros pacientes, para não os infectar. A primeira coisa que lembro é acordar em uma pequena sala escura, sem janelas nem luz natural. Eu não tinha visto o mundo exterior desde que estivera na praia duas semanas e meia antes e ansiava por luz natural. Fui conectado ao habitual milhão de máquinas com tubos entrando e saindo de todos os lugares. Mas, pelo menos, antes de deixar Portugal, tinham feito uma traqueostomia em mim, o que significava que, em vez de estar ligado ao ventilador mecânico por um tubo na minha boca, estava conectado por um tubo menor pela frente da garganta. Isso significava que eu poderia falar um pouco, embora o ouvinte tivesse que se inclinar muito perto — praticamente colar o ouvido no meu rosto — para ouvir o que eu estava dizendo. E o ritmo do meu marca-passo já não me deixava louco, uma vez que tinha sido colocado sob a pele, perto da clavícula.

De volta ao Reino Unido, eu queria ver meus irmãos desesperadamente. Eu nunca tinha deixado de estar com pelo menos um deles por tanto tempo e precisava da força deles, sua solidez ao meu lado. Somos muito unidos e ferozmente competitivos, e há um fio invisível que nos conecta, onde quer que estejamos e o que quer que façamos. Como eu disse, o esporte é nossa praia — críquete, natação, futebol, tanto faz —, mas sempre fomos loucos por rúgbi, inspirados pelo nosso pai, que jogou em um time local desde que nascemos. Tendo, sem tanta certeza, produzido cerca de um quarto do time por conta própria, ele passou adiante o amor por uma partida bonita verdadeira para todos nós quatro, e, praticamente, logo que pudemos andar, estávamos ao ar livre fazendo passes, chutando, marcando — um emaranhado de membros e temperamentos. Uma vez que estávamos todos suficientemente maduros, Will e eu competíamos com Tom e Dom em uma formação de duplas, geralmente no jardim, mas às vezes nas pedrinhas na frente de casa. A partida terminava na maior parte das vezes em discussão e lágrimas, mas o que quer que acontecesse no dia anterior ficava para trás, quando nos apressávamos depois da escola para retomar nosso jogo. E todo esse rolo funcionava — à medida que envelhecemos, todos jogamos para a nossa escola, para o nosso time de rúgbi local e em vários momentos representamos Hertfordshire, Londres e a Divisão Sudeste.

No momento do meu acidente, meu irmão mais velho, Tom, estava no último ano na Universidade de Bournemouth cursando publicidade. Will, um jogador de rúgbi profissional, tinha acabado de voltar do treinamento de rúgbi na África do Sul para uma operação no tornozelo, e eu não os tinha visto nem o meu irmão mais novo Dom, que estava em seu primeiro ano de GCSE, por mais de três semanas. Tinha chegado a hora.

Até então eu não tinha sentido muito. Meu interior tinha desligado. Foi estranho. Era como se eu estivesse lá, deitado impotente na cama, mas também não estava lá. Recebia uma medicação tão forte e meu corpo havia passado por um trauma tamanho que eu permanecia em um estado alterado, como se estivesse alucinando, não vendo claramente o que estava acontecendo ou sentindo qualquer coisa, física ou emocionalmente. Mas, quando meus irmãos entraram no quarto pela primeira vez, algum tipo de senso de realidade retrocedeu e pude me ver em seus olhos, meu absoluto desamparo, e todos começaram a chorar. Apenas para completar o coro de lágrimas, minha mãe, as enfermeiras e o médico juntaram-se a nós. Pensar nisso agora pode me deixar emocionado novamente.

Mas nossas lágrimas não foram todas tristes. Para começar, estávamos juntos. Quando eu estava deitado com o rosto para baixo no mar ou quando meu coração parou tantas vezes em Portugal, tudo poderia ter acabado ali. Mas lá estava eu, de volta à Inglaterra e reunido com meus irmãos. Eu estava vivo e, mesmo sem chutar, inteiro e meu coração ainda batia. Era como se as lágrimas e os abraços de urso deles estivessem me dando uma enorme onda de vida e eu sabia, nesses momentos, que com meus irmãos ao meu lado sobreviveria a isso. Sempre fomos — e sempre seremos — um time. Eu podia ver o quão difícil era para minha mãe naquele dia levá-los ao hospital para me ver naquele estado. Mas eu também via que agora eles estavam a bordo, iriam ajudar ela e meu pai a superar esse pesadelo.

Só me restava chorar, e, enquanto eu olhava bem meus irmãos, minhas lágrimas viraram risadas. Eu não era o único com problemas. Will ainda estava usando uma grande bota imobilizadora de sua cirurgia e parecia que Dom também não conseguia andar sem ajuda. Sem que eu soubesse, ele tinha cortado o pé num pedaço de vidro e o corte infeccionou, então foi enfaixado, estava mancando e andava com muletas. Sempre competitivos, decidimos que, como eu não conseguia nem me mexer, definitivamente eu era o vencedor do front da incapacidade — "OK, H, você ganhou esta" — e com isso conseguimos, por ora, secar as lágrimas e voltar às brincadeiras normais.

Enquanto escutava meus irmãos conversando, observando Will acariciar meu pé em intervalos de poucos minutos — mais tarde, ele explicou que o fisioterapeuta havia dito ao Dom para massagear seus tendões de vez em quando, para garantir que eles se mantivessem flexíveis, e Will pensou que, se ele fizesse isso comigo, eu poderia sentir algo e tudo voltaria ao normal —, eu estava ciente de que, mesmo naquele momento de escuridão muito profunda na minha vida, poderia achar as coisas engraçadas, pegando força daqueles que me rodeavam. Era fantástico ouvir a voz deles, vê-los ao meu redor, todos os seus gestos e inflexões eram tão familiares para mim quanto essa situação não era. Isso me fez perceber ainda mais o quanto o apoio dos outros era imperativo para a minha frágil vida.

A partir de então, um ou mais dos meus irmãos vinha me ver todos os dias, durante toda a minha estada em Stoke Mandeville. Na UTI, eu não estava pronto nem tinha autorização para ver alguém além da família, e, porque eu tinha SARM e, às vezes, estava tão mal com outras infecções, eles tinham de passar por procedimentos rigorosos e longos a fim de entrar no meu quarto — lavando as mãos minuciosamente, usando quantidades infinitas de um mal-cheiroso desinfetante para mãos, às vezes até tendo de usar luvas e máscaras. Mas isso não os intimidou. Havia um limite estrito no número de visitantes em todo o hospital, mas os médicos e as enfermeiras sempre infringiram as regras para nós quando era apropriado, deixando meus irmãos juntos, mesmo que isso significasse que meus pais tinham de esperar sua vez na sombria "sala de espera".

Apesar da presença da minha família, os primeiros dias na UTI não foram fáceis. Para começar, ao contrário de Portugal, onde eu tinha sido colocado em uma cama reclinável durante a maior parte do dia, ali eu ficava deitado reto e não tinha permissão para sentar *de maneira alguma*, para prevenir um dano adicional ao pescoço. Achei isso intolerável, mas o pior era ter de ser inclinado a cada poucas horas para aliviar a pressão sobre a pele. Fiquei amarrado na cama e, quando ela pendia, eu era inclinado ligeiramente de um jeito. Na minha cabeça, essa pequena inclinação parecia um ângulo enorme, então estava convencido de que ia cair. Toda vez que as enfermeiras faziam isso, eu entrava em pânico e pensava: *Não, não posso fazer isso*. Demorou quatro longos dias antes de concordarem que eu podia ser transferido, mas, quando me mudaram para a cama reclinável, fiquei aterrorizado. Literalmente o que todos os enfermeiros tiveram de fazer foi colocar uma tábua debaixo de mim e me deslizar de uma cama para a outra, mas, na minha mente confusa, esse era um evento gigantesco e traumático. Havia medicamentos para me acalmar e valeu a pena, pois a nova cama permitia que eu pudesse ver o quarto, estar ao nível dos olhos com qualquer um que entrasse para me ver e, finalmente, assistir à TV.

As noites eram horríveis. Depois que as enfermeiras me limpavam e escovavam meus dentes, e depois que meu pai dizia boa-noite, uma vez que ele ficava até tarde todas os dias, eles colocavam um monte de pílulas para dormir no meu tubo de alimentação, mas, como minha mente trabalhava em hora extra, isso funcionava contra elas. Todos os pensamentos e sonhos estranhos passavam como raios no sono mais breve que eu conseguia ter, e, durante a noite entrecortada, eu tentava me concentrar no dia seguinte, quando teria alguém do meu lado e me sentiria tranquilo o suficiente para tirar um cochilo. No início de cada manhã, minha mãe chegava, e o restante da família se juntava a ela mais tarde, fazendo escalas em suas visitas para que sempre houvesse alguém comigo — Dom vinha após a escola, às vezes fazia seu dever de casa enquanto eu dormia, meu pai vinha depois do trabalho, Will depois de treinar, e nos fins de semana Tom viria de Bournemouth dirigindo e todos estaríamos juntos. Eu amava aquilo. Também amava que a vida continuasse no mundo exterior para os meus irmãos e nunca fiquei irritado ao ouvir sobre a escola, a universidade, os Saracens, as noites, as namoradas e as fofocas. Eles nunca censuraram o que me contavam, e eu gostava disso — nunca fomos de pisar em ovos e agora não era hora de começar. Assistimos muito a TV: episódios intermináveis de *Come Dine With Me*[5] e *Os Simpsons*.

---

5. *Come Dine With Me* é um popular programa de culinária exibido no Reino Unido (N.T.).

Eu não comia nem bebia nada desde o acidente e ainda estava sendo alimentado e hidratado através de um tubo. Não sentia tanta fome, então não comer não me incomodou muito, mas não beber água estava me deixando louco. Uma vez que meus músculos do pescoço não estavam funcionando, havia preocupação de que eu engasgasse e não poderíamos correr esse risco. Mas continuei incomodado por ter sede, até uma tarde em que recebemos uma esponja em uma vara que poderia ser mergulhada em um copo de água e colocada nos meus lábios para que eu pudesse chupar. O alívio foi enorme. Percebi que nunca tinha estado realmente com sede na minha vida — a água estava sempre ao alcance, limpa e segura — e nesse momento de alívio experimentei um valor de apreciação da vida inteira pelas coisas que eu sempre tinha dado por certo. O gosto dessa primeira gota de água foi tão glorioso que me fez refletir, mesmo que apenas brevemente, sobre a beleza da própria vida. Uma experiência nova que eu estava adicionando a todas as outras. Saber algo que não tinha experimentado antes significava que eu nunca poderia "deixar de saber", e, de alguma forma, isso me impressionou com muita força, enquanto aplacava minha fúria com algumas gotas de água deliciosa.

Um domingo, enquanto eu ainda estava na UTI, foi possível que meus primos me visitassem. Isso foi algo realmente importante, uma vez que, salvo uma visita muito emotiva de meus avós, ninguém tinha sido autorizado a me visitar. Mas, naquela manhã, todas as minhas doenças e infecções ressurgiram. Meu *timing* não poderia ter sido pior. Eu sabia que estava mal porque meus dentes começaram a bater e, ao contrário do quanto eu sentia frio, minha temperatura foi até o teto e atingiu o meu máximo histórico de 41 graus. Quando minha temperatura subiu das outras vezes, não era tão alarmante, pois uma febre pode ser útil para proteger o corpo contra a infecção, mas ir para 41 graus era perigoso por causa do risco para os órgãos e células, pode ser risco para a vida e muitas vezes ser motivo para um coma induzido. A lesão me impossibilitava de controlar a temperatura do corpo, e ainda não posso até hoje, então, sempre que eu estava com febre, o único jeito de manter meu corpo fresco era colocar sacos de gelo espalhados ao meu redor. Dessa vez eu me senti realmente mal, não só pelas infecções, mas também porque meus primos tiveram de sair depois de ficar alguns segundos comigo. A última coisa que eu queria era afastar as pessoas que haviam me apoiado, minha mente estava tão febril e desordenada que fiquei muito mal com isso.

Normalmente, se meus primos fossem me visitar, teria dado a certeza de que poderia passar algum tempo com eles. Sempre valorizei e desfrutei da minha família estendida, e, por isso, a sensação de os ter desapontado, quando tinham viajado de tão longe, de não ter sido capaz de afastar todos os impedimentos e tê-los à minha cabeceira, foi difícil para mim. Eu me senti culpado, e, ao mesmo tempo em que agora sei que isso foi devido à febre e à percepção precoce, provavelmente subconsciente, de que eu teria de deixar de lado um pouco do controle e do poder de escolha que eu sempre havia exercido, naquele momento aquilo tudo era realmente difícil. No fundo, eu também sabia que eles tinham vindo para apoiar meus pais tanto quanto para me ver e que ainda poderiam fazer isso, mas eu não estava acostumado a deixar as pessoas desapontadas e meus pensamentos, tais como eram, ficaram obscuros e perturbados quando sucumbi à febre.

À medida que o antibiótico fez efeito, minha temperatura abaixou, mas se não era uma coisa, era outra, e o dia em que trocaram meu ventilador foi brutal. Eu tinha me acostumado com o aparelho imenso e imóvel que roncava e rangia no canto, respirando por mim, mas, quando precisei ser transferido de quarto, um aparelho menor, que poderia ser transportado comigo, teve de ser ligado ao meu corpo. Para começar, não conseguia compassar minhas respirações com ele, convencido de que ele trabalhava contra mim, o que me fez entrar em pânico novamente. Era como se algo estivesse bloqueando minha garganta, quase como se estivesse me afogando novamente no mar. Foi horrível e demorou um tempo para eu me adaptar, mas, uma vez que nos ajustamos, tive uma nova vida. Não só eu poderia falar quase normalmente, como também era mais um passo para avançar para a próxima ala.

Foi então que pude ver os amigos que estiveram de férias comigo no momento do acidente. Marcus veio primeiro e aquela foi uma visita banhada em lágrimas. Minha mãe o pegou na estação e tentou prepará-lo para o que estava prestes a ver. Mas acho que nenhuma palavra realmente poderia fazer isso. Minha mobilidade física não havia mudado desde que ele tinha me visto pela última vez na praia e eu estava ligado a uma série de máquinas que me mantinham vivo. Meus amigos passaram muita coisa por minha causa e foi tocante vê-los novamente. Só mais tarde, quando consegui falar melhor, fazer-me entender e sentir a minha mente um pouco mais clara, consegui aceitar o que havia acontecido depois de sair da praia. Eu poderia dizer que ainda atormentava Marcus o fato de que ele não tinha podido entrar no helicóptero comigo e que eu tinha passado as primeiras horas e a noite sozinho, mas consegui tranquilizá-lo que eu tinha sido bem cuidado e que meus pais tinham chegado no dia seguinte. Quando penso nisso agora, meus amigos tiveram de carregar um fardo enorme. Éramos jovens, e a maioria de nós não tinha precisado lidar com eventos que mudam a vida. Foi o apoio mútuo, suas famílias, nossa escola e minha família que realmente os ajudaram — outro exemplo de como as redes de apoio podem ser tão vitais em situações difíceis. Fiquei também tocado em saber quão preocupados os amigos portugueses de Marcus e Hugo tinham ficado e como foram úteis em me rastrear, uma vez que eu tinha sido transportado em um helicóptero para fora da praia.

Meu tempo na UTI foi uma verdadeira montanha-russa de emoções e ajustes físicos. As infecções que meu corpo teve de combater foram muito mais ameaçadoras para a minha sobrevivência do que realmente estivemos conscientes, e, como nos disseram muito tempo depois, houve momentos em que os médicos estavam preocupados porque achavam que eu não conseguiria sobreviver. Então, acho que muita da minha energia se foi para conservar minha vida. Eu também estava enfrentando uma série de emoções com as quais realmente não tinha precisado lidar antes. Quase todas as vezes que alguém vinha me ver, havia lágrimas em algum momento e, como um típico jovem esportista durão, eu nunca tinha expressado minhas emoções tão abertamente. No início era difícil, eu experimentava alguma angústia e tentava parar de chorar, mas, depois de um tempo, tornou-se tão sincero e natural que deixei de me importar. Enfrentar a escuridão ao deixar minhas emoções me conduzirem era duro, mas catártico, e algo que até hoje sou capaz de fazer por causa do que aconteceu comigo.

Quando estava na UTI, soube dos cartões e das mensagens que começaram a chegar assim que a notícia do meu acidente se espalhou. Quando estava em Portugal, amigos e familiares escreveram para meus pais em casa, mas agora eu estava em Stoke Mandeville, e a maioria das cartas vinha diretamente para mim no hospital. No começo, enquanto eu ainda era obrigado a ficar deitado reto de costas, não conseguia me dar conta do volume total, mas, quando me levantaram, pude vê-las se multiplicarem todos os dias, quando minha família colocava as correspondências na estante, em torno das paredes, em qualquer lugar que houvesse uma prateleira ou uma superfície. Fiquei atônito ao imaginar que todas aquelas pessoas estavam pensando em mim. E não só pensando em mim, mas também tomando seu tempo para escrever-me, fazer desenhos e enviar presentes. O esforço que algumas pessoas fizeram me tornava humilde, e cada cartão parecia aprofundar a emoção do anterior.

Quase todos os cartões tinham uma mensagem para mim, algumas palavras de conforto ou esperança ou amor, e eu levava todos em consideração. E a gama de pessoas era surpreendente — de amigos e família estendida, é claro, a amigos de amigos; professores, pais e filhos das escolas primárias e secundárias que eu tinha frequentado, ou membros das minhas ex-equipes de rúgbi, alguns dos quais eu nunca conheci; vizinhos e pessoas que eu nunca tinha encontrado. Eu nunca tinha pensado realmente sobre o sentido de uma comunidade tangível em torno de mim antes, mas o fato de que tantas pessoas se apresentaram para expressar sua solidariedade e apoiaram meus pais e meus irmãos foi impressionante. Isso me fez perceber o quanto as pessoas são gentis e como, quando se trata disso, nós só temos uns aos outros na vida. Ampliar a amizade, amparar os outros durante os tempos obscuros, é o melhor da natureza humana.

Eu lia, relia e absorvia todas as mensagens positivas que estava recebendo. A cada hora de cada dia, eu olhava para uma mensagem ou um desejo bom e parecia alimentar meu ímpeto para melhorar e ter esperança para o futuro. Foi o cartão de um dos meus amigos da escola, que começou com uma citação de São Francisco de Assis — "comece fazendo o que é necessário, então faça o que é possível e de repente você está fazendo o impossível" —, que provocou em mim uma pequena semente de possibilidade. Como outros amigos meus, ele me disse que estava pensando em mim, que estaria lá por mim num piscar de olhos; que acreditava que minhas forças me fariam vencer. E enquanto isso era amável, foram as palavras de São Francisco que realmente grudaram na minha mente. Eu ficava ali pensando no que elas significavam e como elas poderiam, na minha nova condição, se aplicar a mim e se tornaram meu mantra durante aqueles dias emotivos iniciais.

Eu me sentia reconfortado com as demonstrações de amor ou bondade e me sentia revigorado ao pensar sobre o que as palavras significavam. Como muitos, suponho, eu lia cartões de aniversário, ou romances e poemas indicados para nós na escola e não prestava muita atenção ao significado por trás das palavras. Agora, as palavras eram tudo, e a inspiração que tirei, mesmo das mais simples das expressões, era bastante extraordinária. Era o mesmo quando eu estava deitado na cama e ouvia as pessoas falando ao meu redor, as palavras, os silêncios, a escolha vacilante de frases quando as pessoas me viam pela primeira vez. Aprendi a ouvir, para escutar o que meus amigos, minha família, os médicos e as enfermeiras estavam dizendo ou não. Até ouvi os ritmos das máquinas que me mantinham vivo. Sempre tinha alguma coisa para perceber, sempre algo com o qual eu poderia sintonizar e pensar mais tarde.

Havia tantas palavras inspiradoras. Uma das amigas de minha mãe escreveu que "carne e sangue são o que são no sentido físico, mas o amor, a coragem e a paixão são a própria alma do indivíduo". Ela me disse que acreditava que a vida evoluiu de dentro para fora. "Olhe para quem você é aí dentro", ela escreveu "e reconheça suas realizações ao longo destas últimas semanas". Um pouco depois, recebi um cartão das turmas que eu tinha ajudado na escola secundária, em que as crianças tinham grudado notas manuscritas. Suas mensagens não tinham preço: "Espero que o incidente não o assombre pelo resto de sua vida", escreveu um menino, enquanto outro me disse que minha "vontade de viver era incrível e que continuasse fazendo coisas boas e nunca desistisse!". Escrever um cartão para alguém que não está bem não está exatamente além dos limites da maioria das pessoas, mas receber essas palavras me moveu todas as vezes. Elas continuaram a chegar e eu guardei todas.

E a bondade não se limitou a mim. Pacotes de comida foram deixados na frente de nossa casa por semanas a fio — refeições adequadamente preparadas para que minha mãe não precisasse cozinhar depois de um longo dia no hospital e para que meus irmãos e meu pai fossem alimentados corretamente antes de passar as noites comigo. Eu ainda não tinha permissão para comer, mas ficava muito feliz em saber que todos os outros estavam gostando dos mimos. Às vezes, minha mãe chegava em casa e encontrava comida, como se tivesse sido evocada pela gentileza.

Posso dizer honestamente que minha alma foi salva por essas pequenas grandes coisas da vida durante aqueles tempos obscuros. Saber que as pessoas estavam me apoiando me levava adiante, para ficar tão saudável quanto poderia. Era quase como se eu tivesse uma presença na minha mente, de todas essas pessoas, coletivamente, me desejando melhoras, e queria mostrar-lhes o quanto o apoio delas ajudou. Quando olho para trás, foi indubitavelmente o desejo de recompensar essa gentileza que me impulsionou para o início da recuperação. Da mais curta das manifestações — desejando o melhor, pensando em você, espero vê-lo em breve — para mensagens mais longas e cartas que entravam nos detalhes dos pensamentos e das orações íntimas das pessoas para mim e para minha família, letras de músicas ou poemas favoritos que os inspiravam durante períodos difíceis, artigos sobre pacientes que passaram por recuperações milagrosas que as pessoas recortavam e colocavam em cartões, presentes e pacotes, até a deliciosa comida deixada na nossa porta: eram essas coisas, todas e cada uma delas, que se encontravam sobrepostas, criando patamares de consideração que lentamente comecei a galgar.

À medida que as infecções começaram a diminuir e eu me sentia confortável com meu novo ventilador, o assunto era me mover da UTI para a unidade semi-intensiva da St Andrew, tirar o tubo de alimentação para que eu pudesse comer de novo, trabalhar intensamente com um fisioterapeuta para me libertar do ventilador e eu poder respirar por mim mesmo, até me levar para uma cadeira de rodas. Já não era sem tempo.

3

A derrota é opcional

A primeira coisa que notei quando fui trazido para um terceiro hospital foi a luz do dia. Enquanto as enfermeiras me acomodavam e se certificavam de que todas as máquinas estavam funcionando, não pude parar de olhar a luz fluindo pelas janelas na extremidade da sala. Ver o céu pela primeira vez desde o acidente, quatro semanas e meia antes, animou meu coração de uma maneira que não posso explicar até hoje. Era como um passo, por menor e mais complicado que fosse, para mais perto de estar lá fora.

A segunda coisa que notei foi que havia outra pessoa em uma cama diagonalmente oposta à minha. Tendo ficado em um quarto sozinho — uma vantagem, pelo menos, de ter tido SARM —, eu não estava feliz e deixei isso perfeitamente claro para as enfermeiras, que não eram exatamente solidárias. Eu me acalmei depois de alguns minutos. Não era como se estivéssemos espremidos no quarto — era, tanto quanto pude ver, apenas nós dois em um quarto para quatro camas —, mas estava acostumado com a minha privacidade e realmente não queria estar perto de um estranho 24 horas por dia, especialmente alguém que parecia espelhar minha situação, impotente em um leito cercado por máquinas.

Felizmente, esse estranho não tinha a mesma atitude que eu e, quando as cortinas foram afastadas, ele disse "olá" de uma forma tão amigável que, mesmo que fosse difícil projetar minha voz até a cama dele, eu me apresentei. Minha mãe foi imediatamente amigável e interessada e, ao longo da tarde, conhecemos a história de Dan: ele tinha 21 anos e tinha sido atingido por um carro enquanto estava em sua moto, voando com tanta força que um de seus pulmões foi perfurado e seu coração literalmente se deslocou para o lado.

Os médicos abriram sua caixa torácica para salvar seu coração e seus pais foram informados para dizer adeus em um momento, pois o impacto tinha sido muito grave. Mas a habilidade da equipe médica o salvara e agora seu coração estava de volta para o lugar ao qual pertencia. Apesar de nunca mais poder andar novamente, ele podia usar os braços. Ele também tinha sido atingido por infecções — os duzentos pontos em seu peito tinham levado séculos para fechar — e estava se recuperando de uma operação em uma escara infectada, causada pelo longo tempo na cama. Ele perguntou sobre o meu acidente e ficou tão comovido com o que acontecera comigo que eu me sentia horrível por ter sido tão egoísta em meus próprios pensamentos quando o vi inicialmente.

De fato, quando meu pai chegou naquela noite, o ar fresco entrando pelas janelas abertas — mesmo que o ventilador ainda estivesse respirando por mim —, o longo dia de agosto apenas começando a escurecer, senti que algo havia mudado. Reconheci esse sentimento como gratidão — gratidão pelas coisas que eu tinha, até aquele momento, dado por certas: o ar fresco, o sol, o amor daqueles que estão perto de mim, a mão amiga oferecida por desconhecidos. Agora, acredito que um dos sentimentos mais úteis para melhorar o humor na vida é ser grato até mesmo pelas menores coisas e, enquanto eu ainda estava imóvel e incapaz de respirar ou comer sem ajuda, inseguro mesmo em relação à minha própria bexiga e aos movimentos intestinais, desamparado nas tarefas mais simples, fui atingido pelo que parecia ser uma imensa gratidão.

E não foi apenas gratidão. Acho que também foi uma mudança física. Sempre amei o ar livre, aproveitando horas e horas em campos de rúgbi, caminhando, correndo, ficando sentado no jardim. Mas não acho que eu realmente tinha considerado a beleza da natureza, a textura do ar ao meu redor ou o significado da luz solar, e o arrebatamento físico de prazer que tirei do ar fresco e da luz do sol naquele dia era algo que tocava minha alma.

À medida que os dias no St Andrew tomavam forma, comecei a fazer muito mais coisas com Scott, meu fisioterapeuta. Eu tinha trabalhado com ele um pouco enquanto estava na UTI, mas, agora que não estava mais lá, nossas sessões começaram a ficar sérias. Criamos uma conexão imediatamente e conseguíamos nos relacionar muito bem, sua mentalidade australiana descontraída harmonizando-se comigo, sua origem greco-cipriota tornando-o um aliado imediato da minha mãe. Mesmo nos primeiros dias na UTI, ele parecia me captar, trabalhando suavemente contra o meu impulso natural de não tentar algo se eu estivesse predisposto a falhar. Agora, agarrando meu senso de possibilidade, ele aproveitou um desejo crescente em mim de fazer progressos, por menores que fossem, e de me motivar, ainda que lentamente. Ele falava comigo sobre as coisas que eu poderia fazer, nunca sobre as coisas que eu não poderia, mesmo que na época eu não pudesse realmente fazer o que ele queria que eu fizesse.

Por menor que seja um progresso, ele pode ter um enorme impacto. Quando você precisa recalibrar até as tarefas mais simples, como respirar por si mesmo, engolir ou tossir, então precisa começar do zero, progredindo de onde você se encontra. Não era útil pensar sobre o meu último jogo de rúgbi, durante o qual eu tinha atravessado paredes de jogadores e cruzado voando uma vasta extensão de grama. Em vez disso, eu poderia apreciar o que tinha feito até então, manter isso como parte de mim e, em vez de usar a memória negativamente — *por que não posso mais fazer isso?* —, tinha de me concentrar em anos de desenvolvimento das minhas forças, anos de autodesafios, e canalizar esse espírito para as menores e mais básicas tarefas. Ainda eram dias muito iniciais, então eu não tinha chegado lá, mas Scott incitou meu desejo de me recuperar, fazendo com que me concentrasse nas coisas mais ínfimas.

Podia ter visto a luz solar, mas ainda não tinha comido nada desde o acidente. Agora que eu estava fora da UTI, os médicos estavam dispostos a me deixar comer, tomando as precauções para que eu não engasgasse. O primeiro passo para isso foi mudar o tubo de alimentação para um muito mais fino. Ainda é surpreendente para mim, com o nível de lesão que sofri, que procedimentos relativamente menores e enfadonhos como esse tivessem me causado tanta angústia. Tirar o que eu tinha era muito desconfortável, mas pelo menos seguia uma linha do meu estômago e subia pela garganta. Enfiar o novo no meu nariz, dobrando-o para baixo pela garganta e para o estômago, envolveu muitos empurrões e cutucadas, induzindo que eu abrisse a boca.

Uma fonoaudióloga especialista em deglutição veio me ver para avaliar minha capacidade de engolir sem engasgar. Ela me deu metade de um biscoito e, apesar de ser totalmente estranho mastigar, triturar e engolir por minha conta, consegui fazer. Se, no começo do verão, alguém me dissesse que engolir metade de um biscoito teria sido um grande negócio e que uma coisa tão pequena teria me dado tanta satisfação, e àqueles que me rodeavam tanta alegria, eu teria rido dele. Mas aqui estava eu, calmamente satisfeito com esse avanço, mesmo que, para alguém, tivesse sido apenas uma coisa ínfima, minúscula.

Comer metade de um biscoito não significava que eu poderia ir direto para alimentos sólidos, mas significava que poderíamos trocar o tubo de alimentação por comida pastosa. Ter um menu à minha frente estava no mesmo nível que ver a luz do dia novamente, e levei séculos escolhendo minha primeira refeição, finalmente optando por salmão e purê de batatas, seguido de torta crocante de maçã. De todas as decisões que tomei para chegar a este ponto, escolher salmão foi — e continua sendo — de longe a pior. Purê de salmão é *nojento*. Mal passou pelos meus lábios antes de eu cuspi-lo. Foi horrível. E a torta crocante de maçã não era melhor.

Mamãe podia ver o quanto eu estava desapontado, então sugeriu aos enfermeiros que ela poderia me trazer a comida de que eu gostava. No dia seguinte, ela chegou com batata assada recheada, feijões cozidos e toucinho defumado e, uma vez superada a textura cremosa, nada tinha um gosto tão bom. Vivi de batatas assadas com uma variedade de recheios nos dias seguintes, nunca me cansando da sensação de saborear e engolir alimentos reais. Outro pequeno passo no meu caminho, mas que fez toda a diferença do mundo para mim.

Depois de alguns dias comendo alimentos pastosos com sucesso, o tubo de alimentação foi retirado. Ter um fio a menos saindo do meu corpo me deu uma sensação muito boa. Isso também significava que eu poderia falar muito melhor — minha voz estava mais clara. Ser capaz de falar e ser ouvido fez uma diferença real e me fez esperar ansiosamente por mais visitantes.

Desde que tinha sido transferido para St Andrew, muitas pessoas vieram me ver, tanto assim que minha mãe se tornou minha secretária social, buscando numa estação próxima quem precisasse de carona, organizando quem viria e quando.

Meus colegas de escola foram incríveis: três ou quatro vinham todos os dias após a aula. A viagem de Dulwich, no sudeste de Londres, para Stoke Mandeville, onde fica o hospital, é de cerca de 80 quilômetros e, ainda assim, sempre havia um carro partindo depois da aula ou alguém pegando o trem em Londres para fazer o percurso. Um amigo vinha um par de vezes por semana para que pudesse pular as aulas de Educação Física, dizendo que seu professor não podia argumentar contra isso. Outro vinha toda quarta-feira, sem falta, do final da manhã até o final da tarde. Recebia visitas de alguns dos meus professores — meu treinador de rúgbi me trouxe a camisa que eu deveria ter usado na nova temporada, meu professor veio munido com meus resultados do AS Level, e quando tudo ficava meio lotado ou meus colegas de escola chegavam famintos, sempre havia macarrão ao forno que minha mãe trazia para eles. Minha avó, minha *yiayia*, ficou muito tocada pelo meu acidente e fez o que todas as avós gregas fazem diante das adversidades: cozinhava como se a vida da minha família dependesse disso.

Enquanto as tardes e noites estavam ocupadas com os visitantes, as manhãs eram gastas com muito trabalho. Agora que eu só tinha o ventilador e algumas cânulas presas a mim, Scott me informou que era hora de começar a respirar por conta própria: que então era o momento de ser sério e me dedicar. O que ele queria dizer com isso era uma série de passos que, se eu perseverasse e me motivasse, iam me tirar do ventilador e me colocar mais perto de uma cadeira de rodas, da sala de reabilitação — e fora do hospital.

Com tudo o que estava acontecendo comigo, percebi cada vez mais o quanto eu sempre tinha dado tudo por certo e, em meus momentos mais silenciosos, refletia sobre isso. Respirar não era algo sobre o qual já tivesse pensado, e a ideia de depender de uma máquina para fazer isso era a coisa mais assustadora para mim. E se o ventilador falhasse? Estava determinado a me desligar dele para que pudesse respirar por conta e estava totalmente preparado para o programa que Scott havia criado para mim. Eu já estava usando um bocal para compassar minha respiração e abrir os pulmões. Inicialmente, isso tinha sido difícil, já que meu cérebro tinha se esquecido de como se relacionar com os pulmões, mas, como eu estava aprendendo, com a prática, a determinação e o encorajamento de Scott, eu podia progredir. Depois de alguns dias nessa máquina, enquanto respirava no bocal, ele me separou do ventilador por alguns segundos para começar, depois alguns minutos, até que eu pudesse regular minha respiração. Assim que tirou o bocal, tive de ser enganchado de volta ao ventilador.

Uma vez que minha ação respiratória melhorou, continuamos usando um Cough Assist, uma máquina que me ajudou a reaprender a tossir. Outra coisa que eu tinha dado por certa

— quem diria — era a importância da tosse e do quão essencial ela é à vida, uma maneira crucial de remover o muco dos pulmões e reduzir o risco de infecção. Desde o acidente, eu estava juntando um monte de porcaria nos pulmões, tudo porque eu não conseguia tossi-la para fora, e então o passo seguinte para respirar por conta era reaprender a tossir. Tudo me tinha sido retirado — reaprender a tossir era algo inimaginável algumas semanas antes. Este foi um processo confuso — saber quando inspirar quando eu não tinha tomado um fôlego por mim mesmo havia tanto tempo — e que demorei para me acostumar. A máquina estava ligada à minha traqueostomia, e então Scott se posicionava na cama, inclinava-a para baixo, subia no leito e me colocava entre as suas pernas, colocando os punhos debaixo da minha caixa torácica enquanto a máquina mandava ar aos meus pulmões. Inspirava e, conforme eu tossia, ele cronometrava e empurrava meu diafragma para cima, bem debaixo da minha caixa torácica. Tudo isso para conseguir fazer os músculos lembrarem o que sempre fizeram, do momento do meu nascimento até o acidente.

Esse processo foi brutal. Destruiu minhas clavículas e, devido à pressão no meu pescoço, era horrivelmente doloroso. Mas, de imediato, não duvidei que eu superaria isso e faria esse progresso tão importante. Scott havia explicado que quanto mais tempo eu pudesse permanecer na máquina, mais perto eu chegaria de respirar por mim mesmo. E à medida que minha respiração melhorou, comecei a passar alguns minutos por dia ligado a um tanque de oxigênio. Estar fora do ventilador significava que eu tinha de pensar em respirar, instruindo-me a respirar. Para começar, depois de apenas alguns minutos eu tinha de voltar para o ventilador, o esforço era tão cansativo que eu adormecia imediatamente.

Tudo isso era para me levar à cadeira de rodas, e, para tanto, eu tinha de poder respirar por tempo suficiente no oxigênio. Depois de tudo o que parecia que o fisioterapeuta, minhas clavículas e meu pescoço podiam aguentar, muita tosse e respiração com e sem o ventilador, esses pequenos passos se juntaram, e, quando consegui administrar o oxigênio por cerca de 45 minutos, eu estava pronto. Naquele dia, minha mãe e sua amiga Sandy estavam comigo, e foi muito bom ver o rosto de mamãe quando nos disseram que eu ia fazer a minha primeira viagem fora da ala, sentando-me ereto.

Retirar-me do leito e me conduzir à cadeira de rodas foi um verdadeiro rebuliço. Fui colocado num guindaste para me tirarem da cama. Esta foi a primeira vez em dois meses e meio que minhas pernas estavam abaixo do nível da cintura e então imediatamente todo o sangue fluiu para minhas pernas, me deixando horrivelmente tonto e incapaz de ver alguma coisa, já que meus olhos estavam girando. Eu estava conectado ao tanque de oxigênio através da traqueostomia, mas era difícil, nesses momentos iniciais, regular minha respiração, e a coisa toda parecia impossível. Mas, assim que fui posto na cadeira de rodas, uma das enfermeiras segurou minhas pernas até que tudo se equilibrasse e, uma vez que me ajustei a essa nova posição, foi fantástico estar sentado ereto. É incrível o quão diferente o mundo parece quando você não está deitado ou inclinado em uma cama.

Scott me conduziu para fora da ala, mostrando à minha mãe como me conduzir na cadeira de rodas, evitando solavancos e batidas. Eles me levaram para partes do hospital que eu tinha ouvido falar, mas nunca visto, e Scott apontou o que era o quê. Era estranho ver a vida do hospital em torno de mim — pacientes, visitantes, a equipe médica caminhando pelo lugar —, e isso me fez perceber o quão encasulado eu tinha estado. E era tão barulhento; cada som foi amplificado, e demorou um tempo para eu me adaptar a estar fora neste novo mundo ruidoso e deslumbrante. Mamãe fez uma tentativa de me empurrar e, enquanto ela se acostumava com o peso e o movimento da cadeira de rodas e continuava me levando pelos ambientes, isso me fazia lembrar de como era andar nos carrinhos de bate-bate quando criança, e comecei a relaxar e me divertir. Passamos pelo café iluminado, ensolarado e pelo exterior, onde a onda de luz, aquela rajada de ar fresco pela primeira vez desde a praia, quase me comoveu. Olhei para o céu e para a grama verdejante e senti que me habituava, minha adrenalina elevada. Aqueles poucos momentos fora eram como encontrar um oásis depois de semanas de uma sede dolorida.

Foi quando voltávamos pelas grandes portas de vidro do hospital que, pela primeira vez desde a saída do casarão para uma noitada em Portugal, vi meu reflexo. Mas o que vi não era eu. Encarando-me, estava um rapaz magro feito uma lâmina, fraco, eu tinha perdido 25 quilos e parecia completamente perdido em uma cadeira de rodas grandalhona. Não era eu. Sua cabeça estava inclinada para trás apoiada em um suporte, havia um tubo na garganta e um tanque de oxigênio ao lado dele e cintas em torno da cintura, os braços estavam imóveis e as pernas pareciam inúteis. Tentei afastar o olhar, negar o que estava vendo, mas eu soube, num segundo, que essa versão de mim agora *era* eu. Em minha mente eu estava em queda livre, caindo em um lugar inimaginável.

De alguma forma, consegui me estruturar enquanto Scott me empurrava de volta para a ala do St Andrew, dizendo adeus à amiga de mamãe e agradecendo a ele, mas, assim que eles foram embora e estávamos apenas minha mãe e eu, separados de Dan pelas cortinas, tudo me acertou. Aterrorizado de uma maneira que nunca antes tinha experimentado, a magnitude da minha impotência de repente me atingiu e desabei, soluçando "Por que eu? Por que eu?". A realidade do resto da minha vida estava nesse reflexo e eu simplesmente não sabia como ia seguir adiante.

Eu queria desesperadamente abraçar minha mãe, mas não podia nem fazer isso. Durante o resto do dia fiquei inconsolável, soluçando em seu ombro. Até então, minhas preocupações principais haviam sido recuperar-me das infecções, tirar o tubo de alimentação ou conseguir ficar sem o ventilador por tanto tempo quanto eu pudesse. Ao ficar isolado do mundo no meu quarto, cercado por familiares e amigos, a vida assumiu uma qualidade irreal, e, na minha mente, suponho que pensei que, independentemente da gravidade da minha lesão, eu estaria, em algum ponto no futuro, caminhando para fora de Stoke Mandeville, meus braços e pernas reativados. Mas, vendo-me naquelas portas — as portas para o exterior, para o mundo sobre o qual uma vez caminhei e corri —, sabia que minha paralisia era real e que estava em uma cadeira de rodas, meus braços tão imóveis quanto minhas pernas, para o resto da vida.

Esta era a minha realidade, mas não fazia nenhum sentido. Quando fui içado de volta para a cama, as lágrimas não pararam. Ao acordar de um cochilo exausto, elas recomeçaram. Eu ainda estava chorando quando meus irmãos e meu pai chegaram, e a profundidade da minha angústia deve ter sido muito difícil para minha família porque não havia nada que pudessem fazer para me consolar. Eu estava olhando para um abismo e não havia mais ninguém além de mim. Logo mais à noite, meu pai relutava em ir embora, mas eu queria ficar sozinho com meus pensamentos, ainda que desanimadores, e uma vez que já tinha tomado a medicação para dormir, eu o convenci de que eu ficaria bem.

Nem mesmo a minha dose pesada habitual poderia me apagar naquela noite e fiquei acordado até as primeiras horas do dia seguinte, relembrando o horror do meu reflexo uma e outra vez. Estava esgotado de tanta emoção — da excitação de estar na cadeira de rodas pela primeira vez até as horas de lágrimas que eu tinha chorado. Minha mente estava confusa e eu não conseguia me acalmar. Tudo o que eu continuava vendo era a minha imagem na cadeira de rodas refletida nas portas de vidro.

E então, por volta das quatro da manhã, aconteceu uma coisa estranha. A imagem não pareceu tão terrível. Talvez eu a tivesse observado tantas vezes que ela estava ficando normal. Algo em minha mente virou, a serenidade surgiu, e tive essa clareza de pensamento de que não fazia sentido estar triste ou irritado, que eu não tinha ninguém para culpar pelo que tinha acontecido e que eu também poderia simplesmente continuar e enfrentar o que estava por vir. Nunca tinha tido tempo para a autopiedade, e ela não se tornaria minha amiga agora. Eu tinha tanto — minha família, meus amigos, uma equipe trabalhando para me fazer recomeçar, e eu tinha feito progressos, por menores que fossem, desde o acidente. Tinha visto o Sol; tinha respirado ar fresco. E de repente, como se tivessem me injetado luz, eu estava inundado de paixão pela vida, uma paixão por viver. Quando amanheceu, caí em um sono profundo e pacífico. Amanhã era um novo dia.

4

Aceite e adapte-se

Traumático como foi, eu realmente precisava de um dia como aquele. Um dia em que todos os meus medos e o desamparo foram libertados através das lágrimas, um dia em que a honestidade assumiu, permitindo-me confrontar a realidade da minha vida em mudança. A partir do momento em que acordei na manhã seguinte, eu sabia que não havia volta e que teria de ser tão forte quanto eu poderia. Quando a enfermeira veio me dar o banho matinal, pegando meus braços como se fossem coisas inúteis, sem peso, minha determinação tomou forma e pensei: *talvez eu tenha perdido o controle dos músculos dos braços e das pernas, mas não perdi o controle do cérebro. Posso tomar decisões e posso assumir o controle da minha situação.*

Sempre fui competitivo e sempre estive pronto para um desafio — anos de treinamento e esportes de equipe tornam você assim. Eu já tinha sido informado que estaria no hospital por pelo menos um ano e meio, que dependeria de uma cadeira de rodas com braços, controlada pela cabeça, para o resto da minha vida e que ficaria no ventilador por meses. Até agora, não tinha sido mental ou fisicamente forte o suficiente para aceitar o que tudo isso significava. Mas, quando uma neblina se elevou e a permanência da minha deficiência me atingiu, decidi movimentar as coisas um pouco. Não contei a ninguém; em vez disso, aperfeiçoei a minha resolução e, nos dias seguintes, trabalhei um pouco mais pesado, forçando-me para progredir um pouco.

Eu estava, agora, conseguindo ficar uma quantidade crescente de tempo no oxigênio, mas ainda usava o ventilador para passar a noite. Então, à medida que minha clareza recém-descoberta entrou em marcha, eu me estabeleci uma meta para passar mais tempo por dia no oxigênio e a noite sem o ventilador. Como eu tinha aprendido, tornando-me maleável, os objetivos realistas eram a melhor maneira de fazer progressos e, acumulando pequenos incrementos de tempo sem o oxigênio nem o ventilador, imaginei-me totalmente sem eles no futuro.

Uma tarde, recebi a visita de vários amigos com meus irmãos e, para dar a Dan um pouco de paz e silêncio, eles me levaram para o café, o oxigênio ao meu lado. Estranhamente, depois de cerca de quinze minutos, comecei a ficar realmente tonto e a me sentir estranho, como se estivesse perdendo a consciência. Tom me levou de volta para a ala, chamando uma enfermeira enquanto nos dirigíamos para o meu leito. Vendo o meu estado, ela correu e, enquanto fazia as checagens, notou que o oxigênio estava desligado, que não tinha sido ligado durante todo o tempo em que eu tinha estado na cadeira. Ela me colocou na cama rapidamente, aumentou o oxigênio e me fez esperar até eu ter respirado o equivalente a dois tanques de oxigênio. Isso tinha sido um erro, é claro, e voltei para o andar de cima a tempo. Mas gostei da imagem de mim mesmo, no andar de baixo, no café, respirando inteiramente por conta própria. Isso me deixou ainda mais determinado a provar que os médicos estavam errados. Mas também foi uma verificação da real gravidade da minha situação.

Comer agora era simples. Eu estava totalmente livre dos purês, meu apetite tinha voltado, estava gostando de recuperar o peso e me sentia melhor comendo principalmente alimentos frescos e saudáveis. Comer era uma grande parte da vida da minha família — a origem mediterrânea da minha mãe significava muitas refeições movimentadas e barulhentas ao redor da mesa da cozinha — e até que Tom e Will saíssem de casa, nós seis sempre tínhamos comido juntos o máximo que podíamos, especialmente no almoço de domingo depois das partidas ou dos treinos. Então, quando um domingo soubemos que estaríamos todos juntos no hospital, mamãe trouxe comida caseira, um frango assado com batatas assadas e salada no especial estilo grego, então todos nós fomos ao café e comemos juntos. Foi um momento fantástico — estávamos no pátio do que era então conhecido como o "café do Jimmy" e o sol estava brilhando — e me lembro de pensar que, não importava o que acontecesse e independentemente de onde aquela mesa estava, estar juntos para uma refeição decente pela primeira vez desde o meu acidente tornava o dia verdadeiramente feliz. Sempre tínhamos sido um time — as pessoas costumavam brincar que meu pai e seus quatro filhos eram um minitime de rúgbi —, mas agora eu via isso de verdade.

Nada demonstrou mais isso do que a interação silenciosa entre todos eles enquanto me ajudavam com minha "inclinação" de hora em hora. Desde que comecei a ficar na cadeira de rodas por mais tempo, era necessário me inclinar por um minuto ou dois a cada hora para tirar um pouco da pressão sobre o meu bumbum. Isso era conhecido como "alívio da pressão" e era necessário porque, de outra forma, a pressão constante da imobilidade teria causado feridas e danos à minha pele — o que, devido à falta de fluxo sanguíneo, significaria estar preso na cama por séculos esperando que ela se curasse. Tendo visto o desconforto pelo qual Dan tinha passado após operar um ferimento, eu estava ciente desde o início que não queria que aquilo acontecesse. Então, a cada hora eu pedia para quem estava comigo me inclinar para a frente. Minha família — e amigos — ficou tão acostumada a isso que muitas vezes eu nem precisava pedir. Alguém se levantaria e gentilmente me mudaria de posição. Saber que as pessoas estavam lá por mim e tinham a mim e meu conforto em mente, sem fazer uma grande confusão ou precisando ser solicitados, tornou todas essas novas coisas mais fáceis de fazer.

Foi o mesmo com a máquina que estava posta na mesa durante o almoço. Mesmo que agora estivesse comendo alimentos sólidos sem problemas, havia um ou dois obstáculos a superar para que eu pudesse comer fora da ala. Meus pulmões foram maltratados e machucados pelas infecções, o que significava que meu peito ainda se enchia de secreção, e às vezes isso interferia na minha respiração. Por essa razão, era necessário ter uma máquina de limpeza de muco comigo sempre que eu saía da ala. Se eu precisasse, alguém tinha de tirar o oxigênio da minha traqueostomia e colocar o tubo da máquina até alcançar meus pulmões para aspirar qualquer porcaria que estivesse obstruindo as vias aéreas e os pulmões. Toda a minha família tinha aprendido a usar a máquina, praticando em mim em várias ocasiões, e isso permitiu, mais do que eles poderiam imaginar, estar juntos durante algumas horas naquele domingo, sem depender da equipe médica para me acompanhar. Nunca realmente falamos sobre isso — não foi preciso usá-la muitas vezes, mas saber que poderiam, saber que todos usaram seu tempo para praticar, para que o peso e a responsabilidade não apenas recaíssem, digamos, sobre minha mãe, e todos poderiam me ajudar se necessário, era enormemente reconfortante. Essa refeição foi um marco e uma das quais todos nós nos lembraremos.

Depois de aproximadamente um mês dividindo o quarto com Dan, enfim seguimos por caminhos separados. Enquanto eu ainda tinha SARM, ele havia se curado e agora eles precisavam do nosso quarto de quatro camas para pacientes não infectados. Dan foi para uma ala maior e eu fui removido para uma pequena sala lateral. À medida que os dias passaram e nós nos tornamos parte da vida um do outro, gostei de compartilhar as coisas com Dan. Ele foi uma influência tranquilizadora e positiva sobre mim e nossas famílias se deram bem. No entanto, ter o meu próprio quarto novamente era muito bom e deu à minha cada vez maior caravana de visitantes mais liberdade para serem bagunceiros, além disso meus irmãos e eu tivemos a chance de assistir a mais DVDs de rúgbi.

Às vezes ficava impressionado com o número de pessoas que ainda estavam vindo me ver. Havia as habituais — minha família, meus colegas da escola —, mas agora também havia um fluxo constante de gente de outras partes da minha vida. Velhos amigos da escola Berkhamsted, companheiros de rúgbi locais, amigos de meus irmãos, professores e treinadores de quando eu era muito jovem, amigos e vizinhos dos meus pais. Eu amava isso. Fui continuamente encorajado por visitas e, mesmo que estivesse cansado ou tendo um dia de folga, não havia nada de que gostasse mais do que ouvir pessoas conversarem umas com as outras sobre coisas normais, cotidianas, por mais triviais que fossem. Isso me manteve conectado ao mundo exterior, à minha vida antes do acidente, e sempre apreciei que as pessoas viessem.

Para circular pelo hospital, usava uma cadeira de rodas com apoios de cabeça e braços. Os braços tinham sido uma adição tardia, pois a cadeira que eu usava anteriormente não tinha esse apoio — um descuido e um grande erro com consequências que permanecem até hoje —, e, em vez disso, meus braços foram colocados em um travesseiro que ficava apoiado no meu colo. Eu não tinha realmente questionado ou pensado muito sobre diferentes tipos de cadeiras, mas agora que eu sabia e, acho, estava encarando o fato de que ia estar em uma cadeira de rodas para o resto da minha vida, pensei que deveria começar a descobrir as opções disponíveis. Tinha visto pessoas sendo conduzidas pelo hospital em várias cadeiras, mas não tinha prestado muita atenção nas suas complexidades e nas diferenças entre elas. O amigo de um amigo de meus pais, um homem que teve uma lesão similar na coluna vertebral, veio me mostrar sua cadeira: suponho que para me inspirar. A dele tinha um apoio para a cabeça que continha painéis sensíveis ao toque e, através de pequenos movimentos da cabeça, ele podia controlar o televisor, acender e desligar as luzes e até abrir e fechar a cortina elétrica de seu quarto. Na extremidade de um apoio de braço, havia uma pequena tela mostrando o que ele estava selecionando com o apoio para a cabeça. Ele estava satisfeito com todas aquelas funções, e, enquanto me mostrava todas elas, eu podia ver os benefícios de ter algum controle sobre o ambiente.

Eu não tinha poucas oportunidades para ver cadeiras de rodas. A esposa de um paciente em outra sala da semi-intensiva apareceu um dia para perguntar se eu queria conhecer seu amigo James, que tinha se machucado a algumas praias do ponto onde eu tinha me ferido no Algarve, quatro anos antes. Apesar do meu foco em progredir, ainda não estava em bom estado de espírito para conhecê-lo, então pedi à minha mãe que o agradecesse, mas recusasse. Não pensei mais sobre aquilo, além de quão terrível era aquela parte do Algarve, que tinha feito tantas pessoas desconhecidas se acidentarem. Meu cirurgião em Portugal havia dito aos meus pais que ele operava pelo menos doze pessoas por ano que tinham ficado feridas ao mergulhar no mar ao longo daquela costa.

Poucos dias depois, estava deitado na cama quando vi um cara se movendo pelo corredor fora do meu quarto. Deduzi que tinha de ser um visitante e algo me fez pedir à mamãe que fosse atrás e visse se ela poderia conversar com ele. Mamãe disparou para fora do quarto, e eu a ouvi chamá-lo, enquanto ele avançava em direção à saída. Eu me descontraí, algo em mim agitado pela liberdade desses movimentos de braço que lhe permitiram se empurrar.

O bate-papo de mamãe com James foi um momento crucial e pelo qual tenho muito a ser grato — outra confirmação de que focar as coisas certas na vida é tão importante. Informado de que ele nunca poderia se empurrar, James estava determinado a provar que sua fisioterapeuta estava errada e não gastar o resto de sua vida em uma cadeira elétrica, com apoios de cabeça e braços. Uma vez que ele tinha mais mobilidade do que eu e um pequeno movimento nos braços, era uma façanha importante poder mover-se para qualquer distância. Foi, ele disse à mamãe, graças exclusivamente, ou quase exclusivamente, a Ruth, uma fisioterapeuta muito especial que ele tinha encontrado, que não tinha medo de extrapolar a sabedoria e a prática adquiridas, de ouvir seus pacientes e encorajá-los a superar limites e obter resultados. Apesar do nível de lesão que sofrera, a combinação de sua determinação e trabalho árduo com a visão e a contribuição de Ruth, além de uma cadeira altamente desenvolvida que tinha um mecanismo especial nas rodas para auxiliar o movimento, o resultado obtido era a capacidade de empurrar-se por conta própria.

James tinha mostrado à mamãe como funcionava a cadeira de rodas. Basicamente, parecia uma cadeira normal para paraplégicos, mas tinha rodas movidas a energia instaladas no lugar das manuais e um sensor na margem externa que registrava o movimento propulsor, ativando um motor elétrico no meio da roda. A fisioterapeuta de James permitiu que ele aproveitasse ao máximo a mobilidade que possuía e agora ele conseguia empurrar-se. Ele soube de mim por seus amigos na ala e deu à mamãe o número de Ruth, bem como o dele, convidando-me a entrar em contato assim que eu estivesse pronto para conversar.

Depois mamãe me contou que, assim que chegou ao estacionamento, fora do alcance da equipe do hospital, ela tinha ligado para Ruth de seu celular e, antes mesmo de entrar no carro, havia conseguido que ela concordasse em me considerar um potencial cliente. Ruth atuava como fisioterapeuta independente, tendo trabalhado por um tempo em Stoke Mandeville, mas já não ia ao hospital para atender pacientes. Isso foi frustrante, mas também era exatamente disso que eu precisava, pois me fazia querer desafiar-me ainda mais duramente para que eu pudesse sair da semi-intensiva e entrar em uma reabilitação. Eu sabia que, se estivesse bem o suficiente para a reabilitação, eventualmente seria permitido que eu fosse para casa nos fins de semana e que, se eu estivesse em casa, mesmo que por apenas algumas horas, Ruth poderia começar a trabalhar comigo.

Enquanto isso, através de um regime ainda mais intenso com Scott, que estava tornando minha respiração mais forte, consegui começar a fazer sessões de fisioterapia na sala de ginástica. Eu só podia ir no final do dia, para não infectar outros pacientes com SARM — outra vantagem de não conseguir me livrar da doença. Havia apenas um ou dois outros pacientes na academia naquele momento, o que permitia que eu tivesse muito mais atenção do que teria durante os horários mais movimentados do dia.

Minha fisioterapeuta da ginástica, Frances, foi ótima — honesta, direta e realmente não retardava o meu progresso, dizendo o que eu podia e não podia fazer em cada estágio. Por me conhecer, eu estava ansioso para testar os limites desde o início e, enquanto ela conseguia me sacar imediatamente, me impulsionando quando apropriado, ela nunca teve medo de puxar minhas rédeas. A primeira coisa que fiz foi sentar-me no que era chamado de "bicicleta passiva". Meus pés estavam literalmente amarrados e os pedais moviam minhas pernas em círculos, para obter algum movimento de volta nas articulações. Minhas pernas já estavam imobilizadas havia quase dois meses.

Durante esse processo, recebi como tarefa um jogo de respiração. Um suporte foi colocado na minha frente com um bocal, e eu deveria abocanhá-lo. Então, por meio da respiração, eu precisava conduzir um helicóptero, visualizado na tela do computador, fazendo-o superar vários obstáculos. Se eu não pudesse aguentar a respiração por tempo suficiente, o helicóptero caía. Não sendo alguém que gostava de perder, imediatamente tomava um grande fôlego para que o helicóptero subisse, até que, inevitavelmente, caía de novo. Foi um exercício muito bom e eu gostava dele. Ir para a sala de ginástica tornou-se uma parte importante do meu dia e eu a aguardava com expectativa, especialmente quando um ou mais dos meus amigos ou irmãos podiam vir comigo.

Fiz um bom progresso e, em duas semanas, rolou o assunto que eu sairia da semi-intensiva e iria para a reabilitação. Antes de mudar, eu tinha de decidir se iria para a ala de reabilitação de adultos ou para a pediátrica. Com 17 anos, eu ainda tinha a escolha da ala das crianças, então fui conhecer as duas e, enquanto eu estava surpreso com o fato de que as enfermeiras de cada uma das alas estavam me cortejando para que me juntasse a elas, no final a escolha era sem rodeios. St Andrew era relativamente barulhento, com zumbidos e bipes constantes enquanto pacientes dos vários quartos de seis e quatro camas chamavam as enfermeiras. A sala de reabilitação de adultos era o mesmo — movimentada e desordenada. Ainda que a enfermaria pediátrica fosse pueril, com os frisos em cores primárias com temática de desenhos animados, prateleiras de quebra-cabeças, brinquedos e DVDs da Disney, e eu teria lutado até o meu último suspiro para não ser visto e tratado como uma criança, ela era tão espaçosa, tranquila e calma — e tinha seu próprio equipamento de fisioterapia — que, no final, foi moleza decidir.

Uma vez que tinha tomado essa decisão, eu me estabeleci um objetivo, um que até eu não tinha certeza se era sensato. A fim de fazer pleno uso do equipamento na reabilitação e continuar com minha fisioterapia, decidi que precisava estar fora do oxigênio completamente, respirando por mim mesmo. Eu já não precisava do ventilador durante a noite, permanecendo no oxigênio durante o tempo em que dormia. Foi-me dito, quando eu vim da UTI, que eu dependeria de alguma forma de ajuda para respirar por meses e meses, e agora eu pensava: *de jeito nenhum*. Comecei a me forçar ainda mais duramente, talvez muito duramente — *mais-cinco-minutos-mais cinco-minutos* era meu mantra interno —, e uma das enfermeiras que observava isso gentilmente me disse que precisava ir mais devagar; que poderia ser contraproducente se os níveis de oxigênio caíssem muito e eu precisasse passar mais tempo no ventilador para me recuperar.

Uma semana antes do que estava programado para eu me mudar para a reabilitação, os médicos decidiram que eu estava respirando bem o suficiente para tentar me "colocar um ponto vermelho". Basicamente, foi aí que eles tiraram o tanque de oxigênio e colocaram um clipe vermelho de plástico na extremidade do tubo na minha garganta, para que eu não estivesse conectado a nada e respirasse por mim mesmo. Para começar foi assustador, mas, com a ajuda de Scott, consegui me estabilizar e respirar. Quando se tornava demais para mim, o clipe vermelho era retirado e eu era recolocado no tanque de oxigênio, o que — devo dizer — era sempre um alívio no início.

Mas, depois de alguns dias de dura determinação, consegui. Para o espanto dos médicos, apenas oito semanas após o acidente, eu podia respirar inteiramente sozinho e estava pronto para tirar a traqueostomia. Eu me concentrei no que podia fazer, não no que não podia, e dessa forma fiz alguns progressos significativos.

O dia em que a traqueostomia foi retirada foi ao mesmo tempo o mais assustador e o melhor dia no hospital. Quando o tubo foi removido, o médico me perguntou se eu queria dar uma olhada no buraco no meu pescoço. Mamãe segurou seu espelho de maquiagem na altura da minha garganta enquanto o médico me disse para fechar a boca e respirar pelo nariz. Eu estava respirando, mas podia sentir o ar entrar e sair da traqueostomia. A enfermeira colocou uma bandagem de gaze sobre o buraco no meu pescoço e tudo acabou. Eu estava respirando sem ajuda.

Naquela noite, quando Dom, Will e meu pai chegaram, podiam dizer que algo estava diferente, mas não exatamente o quê. Para ser justo, não demorou tanto tempo para que eles percebessem que agora eu estava, com exceção de uma cânula ou duas de antibiótico, totalmente livre de tubos e máquinas. Por dentro, eu me sentia muito bem porque tinha estabelecido um objetivo e consegui cumpri-lo. Era como uma vitória sendo jogada na cara das expectativas limitadas dos médicos. E a vitória tinha um gosto bom.

Eu estava pronto para a reabilitação e um novo objetivo.

5

Seja grato

Não consigo identificar o momento exato em que fiquei obcecado por usar os ombros para empurrar minha cadeira. Pode ter sido quando eu finalmente estava em um lugar onde pensamentos de sair e ir para casa estavam se tornando uma realidade. Meu novo quarto no piso térreo estava cheio de luz e a janela do chão ao teto dava para a entrada do hospital, assim eu podia ver as pessoas irem e virem, e o exterior parecia estar a apenas um passo de distância. Pode ter sido quando, na primeira reunião com a nova médica da ala de reabilitação, ela suspendeu uma série de medicações que eu estava tomando e então — com o que parecia ser uma grande crença em mim — me deu uma data de alta: 10 de fevereiro. Quatro meses e dez dias de distância, apenas seis meses depois de entrar no hospital e longe, bem longe dos dezoito meses que os médicos me avisaram originalmente que eu permaneceria. Antes disso, ela disse, se continuasse fazendo progresso, eu poderia sair do hospital nos fins de semana, com o objetivo de passar o Natal com minha família, em casa.

Havia apenas dois outros pacientes na sala de reabilitação, uma garota com 14 anos e outra com 13, que haviam sofrido lesões na medula espinhal. Uma delas — Agnes — tinha sofrido um acidente de carro em que sua mãe havia morrido. Seu irmão tinha saído caminhando machucado, mas inteiro, e ela havia rompido a medula espinhal. Seu pai não estava no carro na ocasião. Ela teve o mesmo nível de lesão que eu e estava, compreensivelmente, tanto emocional quanto fisicamente marcada. Senti uma grande compaixão por ela e sua família, pensando quão difícil seria superar tudo sem a mãe. A outra garota, Lauren, era completamente louca, no melhor sentido da palavra — uma apaixonada jogadora de futebol de menos de 13 anos que tinha sido escolhida por olheiros de equipes profissionais. Ela estava com amigos da família que tinham um barco ancorado na marina de Chichester e uma tarde, quando ela e sua amiga deveriam estar limpando o barco, elas abandonaram o navio, entraram em um bote, navegaram até uma praia, jogaram um pouco de futebol, depois pularam em um pneu que estava preso a uma árvore e balançaram por um tempo. Sempre disposta a explorar, Lauren então decidiu escalar a árvore e, estando a cerca de 4 metros de altura, caiu. Uma vez que a árvore pendia de um pequeno penhasco, sua queda na praia abaixo foi de cerca de 7 metros e ela quebrou as costas. Agora era paraplégica. Ela conseguia usar os braços e era, apesar de estar confinada a uma cadeira de rodas pelo resto da vida, uma grande força de energia que era divertido ter por perto.

Lauren e eu tínhamos o mesmo desejo de nos impulsionar e assumir alguns riscos aqui e ali. Havia um pequeno *playground* fora da nossa ala, e, às vezes, quando os meus irmãos vinham, nós fazíamos com que nos levassem para fora, nos colocassem no minicarrossel e nos girassem o mais rápido que eles ousassem. Lauren conseguia não chamar atenção para si mesma, mas uma tarde eu caí da cadeira enquanto o carrossel girava, fazendo com que as enfermeiras saíssem com um estrondo pelas portas da ala, nenhuma muito contente com o que tinha acontecido. O desejo de Lauren de ficar em forma tanto quanto poderia combinava com o meu e ela também ficava muito na sala de ginástica. Ela agora é jogadora profissional de tênis de cadeira de rodas do time da Grã-Bretanha e por um tempo foi a número um do mundo na categoria dos menores de 18 anos.

Com apenas três de nós na ala, estava silencioso, muito mais tranquilo do que o constante ir e vir em St Andrew, e, quando minha cabeça começou a clarear, me vi capaz de pensar. O que continuava voltando a minha mente era a visão de James se empurrando para fora de St Andrew e eu suponho, na verdade, que sabia desde o momento em que o vi da minha cama que, se isso *podia* ser feito, eu precisava fazê-lo. Sendo completamente franco, para mim, estar em uma cadeira de rodas motorizada com suporte de cabeça e para os braços para o resto da minha vida era como desistir. Eu sabia que poderia fazer mais e, mesmo que não tivesse a pequena mobilidade que James tinha nos braços, tinha uma quantidade muito pequena de movimento e sensibilidade no topo de meus ombros, movimento que, com os exercícios certos, poderia trabalhar a meu favor.

Como diz o velho ditado, você não pode correr antes de poder caminhar, então, por enquanto, tive de me concentrar no que era viável e trabalhar na construção da minha força. Estar em uma academia era um território familiar, e se há uma coisa que eu conheço, é o valor e o apelo viciante do exercício. Antes do acidente, não havia nada que adorasse mais do que uma boa sessão de ginástica, levantando pesos, correndo, trabalhando em partes específicas do corpo. Nas sessões de treino de rúgbi, sempre prestei muita atenção na teoria por trás de exercícios específicos e, como tenho uma ótima memória visual, entendi claramente quais músculos fazem o que e quais exercícios são bons para determinados músculos.

Quando você sofre uma lesão na medula espinhal, mesmo uma tão grave quanto a minha, o exercício é incrivelmente importante, proporcionando as mesmas coisas para todas as pessoas: diminuindo a taxa de perda óssea, melhorando o sistema imunológico, reduzindo o risco de diabetes e doenças cardíacas, ajudando a ter uma atividade intestinal saudável. Tinha de me recalibrar, mas, com a orientação da minha fisioterapeuta, houve dias em que fiz um treino tão bom que me deixou exausto daquela forma satisfatória que o exercício proporciona.

Por si só, estar na sala de reabilitação significava que eu poderia fazer exercícios mais complexos e úteis, e toda uma série de equipamentos e técnicas de repente se abriu para mim. Em um lado da academia estava um sistema enorme de trilhos que agora eu podia usar para exercitar os ombros. Frances colocava meus braços em cordas com suportes para cotovelos e mãos que mantinham meus braços erguidos, e ela me encorajava a usar os músculos do ombro, ao ajudar-me a balançar os braços. Foi realmente difícil no início, mas, por meio da visualização e da intensa concentração, fui capaz de identificar os músculos relevantes e aprofundar o direcionamento de todo o meu esforço para trabalhá-los.

Eu não dependia mais de estar na academia para fazer exercício físico. A enfermaria era bem equipada, e eu tinha acesso quase o dia inteiro a determinada bicicleta que se tornou uma das minhas preferidas. A bicicleta de Estimulação Elétrica Funcional, ou FES[6], era totalmente diferente da bicicleta passiva em que estivera preso na semi-intensiva. Essa máquina mais sofisticada proporcionava aos músculos um treino verdadeiro, estimulando os neurônios motores inferiores que estavam conectados à medula espinhal. Mamãe rapidamente se tornou boa em me instalar nela — conectando os suportes

6. A abreviatura FES vem da sigla original em inglês, Functional Electrical Stimulation (N.T).

acolchoados da bicicleta aos meus tendões, glúteos e coxas, o que então trabalhava meus músculos de tal forma que eles estavam movendo a bicicleta em vez de a bicicleta os mover. Foi magnífico para o fluxo sanguíneo e para a liberação de hormônios em todo o meu corpo, e, ao longo dos dias e semanas que usei — muitas vezes eu andava de bicicleta 19 quilômetros por dia —, o equilíbrio e a postura melhoraram e me salvavam de escaras, já que minha pele estava elástica e saudável novamente. E, é claro, tornou-se um vício: quanto mais eu estava nela, mais eu queria estar, e quanto mais eu queria estar, mais perto eu estava de começar a trabalhar com Ruth.

Se havia alguma chance de passar minha vida em uma cadeira de rodas sem um suporte completo de cabeça ou costas, eu tinha de ser capaz de me equilibrar e permanecer em posição vertical por longos períodos de tempo, e isso significava exercícios rigorosos para as costas. Para fazer isso, eu era colocado na beira de um banco e um fisioterapeuta me segurava por trás, os braços ao redor do meu peito ou dos ombros, enquanto outro fisioterapeuta trazia meus cotovelos para uma mesa na minha frente, segurando-os no lugar. O profissional atrás de mim me inclinava para a frente, permitindo-me sustentar o peso nos cotovelos, e me fazia pensar em empurrar um e outro, uma e outra vez, com o objetivo de movê-los de um lado para o outro. Essa foi a coisa mais fisicamente desafiadora que fiz durante todo o tempo que estive no hospital, mas meus músculos das costas estavam definitivamente ficando mais fortes.

Não há dúvida de que a fisioterapia fornecida pelo hospital foi útil e eu estava dando o meu melhor — e mais um pouco —, mas o que me frustrou foram as limitações que senti que me estavam sendo impostas. Coletivamente, parecia que o hospital tinha adotado uma abordagem conservadora e relutante a qualquer coisa diferente e tinha pouca visão de mim em qualquer aspecto, exceto a cadeira de rodas que consideravam adequada para um paciente com meu nível de lesão. O protocolo diz que alguém com zero movimento de braços e pernas deve ficar em uma cadeira de rodas motorizada controlada pela cabeça, mas eu sabia que podia fazer algo diferente. Às vezes sentia que, se pudesse ter canalizado toda a energia necessária para empurrar o sistema em vez de empurrar minha cadeira, eu teria ido a Timbuktu e voltado.

Além de fazer fisioterapia, também fui visto por terapeutas ocupacionais cujo trabalho era me preparar para a "readaptação" — voltar a uma vida "normal" convivendo com minha deficiência. Essa era uma forma de readaptação menos ativa e, para ser sincero, não estava sempre tão disposto para isso. Muitas vezes não era o mais receptivo dos pacientes — não porque eu não queria saber, mas porque parecia de alguma forma muito *inativo*. Eu não me importava com os aspectos físicos, como o trabalho que eles faziam em meus pulsos e nas minhas mãos, flexionando as articulações e tentando manter a mobilidade, mas, na época, todas as particularidades de higiene, de função da bexiga e dos equipamentos não me prendiam a atenção. As aulas em grupo de que eu deveria participar também foram um pouco enfadonhas — pessoas vindo "conversar" conosco sobre suas experiências ou a vida em uma cadeira de rodas. Ocasionalmente, haveria uma conversa que iria ressoar em mim — me chocar ou me fazer ver as coisas de maneira diferente. Aquela sobre feridas e cuidados com a pele realmente me tocou fundo quando nos mostraram fotos horríveis de usuários de cadeiras de rodas que insistiam em usar jeans tão apertados que a pele em torno da virilha e parte superior das coxas tinha literalmente se desgastado.

Também não era um grande fã das sessões de terapia que eram oferecidas. Sei que a terapeuta estava apenas fazendo seu trabalho, mas, para mim, era como se ela estivesse cavando em círculos por coisas que não estavam lá. Uma das melhores batalhas que travei durante o meu tempo em Stoke Mandeville foi quando uma das enfermeiras tentou me forçar a fazer mais sessões de terapia, dizendo que eu não tinha aceitado completamente minha situação, que eu sempre estava indo contra eles, querendo estar em uma cadeira diferente, querendo fazer as coisas que os livros diziam que eu não poderia fazer, movendo-me de uma maneira que não poderia me levar aonde eu queria ir. Mas não precisava daquelas sessões precisamente porque eu tinha aceitado minha situação. Sabia exatamente onde estava. Apenas queria fazer mais do que me disseram que eu poderia fazer.

Essa firme determinação mental era nova para mim. Antes do acidente, eu tinha sido fisicamente forte, mas mentalmente fraco, com medo de tentar coisas novas ou sair da minha zona de conforto por medo de falhar, mas agora minha força tinha de estar na minha cabeça. Sim, estava ocupado tentando provar que eu ainda podia fazer coisas com meu corpo, mas a força para isso tinha de vir de dentro, de uma força interior mental. Começava a ver minha vida antes do acidente com alguma perspectiva, como eu tinha tomado tantas coisas como garantidas e como poderia ter feito muito mais enquanto usava os braços e as pernas. Mas, em vez de me debruçar sobre o que não podia fazer, podia ver que agora tinha a oportunidade de fazer mais. Estava determinado a alcançar meus objetivos, por maior ou menor que fossem, não só para mim mesmo, mas também para mostrar para a minha família, meus amigos, minha escola e todas as pessoas que estavam me dando um apoio tão incrível que eu era digno de seu tempo e atenção.

A "discussão" com aquela enfermeira me atiçou e me esforcei ainda mais nas sessões de fisioterapia. Poucos dias depois, me disseram que eu poderia ir para casa no fim de semana. Essa era uma notícia magnífica, mas eu estava plenamente consciente de que, enquanto tive o luxo de relaxar e antecipar o prazer de estar em casa, houve um monte de preparação nos bastidores para que isso acontecesse. Cuidar de mim agora era um trabalho em tempo integral e, sem os enfermeiros, os médicos e a equipe de apoio do outro lado de uma campainha, o fardo seria para a minha família.

Não que eles parecessem ver dessa maneira. Desde que meu novo médico havia mencionado a possibilidade de eu voltar para casa por um fim de semana, mamãe estava ocupada trabalhando com o hospital e o conselho local, preparando nossa casa com os equipamentos certos, suprimentos e medicação, e acostumando-se a conduzir o especialmente adaptado ônibus “Bárbara”, para que fosse emprestado para me transportar do e para o hospital. Uma cama com rodinhas tinha sido garantida e, o mais importante de tudo, o evento para o qual eu estava trabalhando: meu primeiro encontro com Ruth.

A chegada em casa foi incrível. Minha mãe havia feito um cartaz “Bem-vindo ao lar” com papel de parede colorido dos catálogos de amostra que ela usa em seu trabalho, e meu pai e meus irmãos estavam todos esperando. Foi muito comovente quando me conduziram pela porta da frente. Ao estar lá de verdade, percebi quanto tempo eu tinha passado imaginando os quartos, a luz, o espaço e a cor da minha casa, o quanto eu tinha pensado em me sentar à mesa da cozinha com minha família ou assistir a partidas de rúgbi na TV com meus irmãos, mas nada realmente me preparou para a realidade de voltar — o calor e o conforto do lugar onde sempre vivi — e pela primeira vez eu realmente entendi o verdadeiro sentimento de voltar para casa.

Depois das boas-vindas banhadas em lágrimas e de um passeio pelo andar de baixo — era estranho pensar que eu não subiria para o meu quarto a qualquer momento em breve —, durante o qual me mostraram a nova organização para eu dormir, debaixo da janela em um canto da cozinha na minha primeira noite em casa, Ruth chegou. Ruth, com seus 1,52 metro,

60 anos e conversa franca e direta, logo na primeira pergunta — "Bem, Henry, o que você quer ser capaz de fazer?" — começou a me ajudar a alcançar minha visão de me mover para fora do hospital. Em nenhum momento ela questionou minha ambição, e logo vimos o que James quis dizer sobre seus horizontes ilimitados. Eu estava tão acostumado com o modo de olhar "ao pé da letra" do hospital — se você tinha esse nível de lesão, só podia fazer A e B, não C e nunca jamais D — que quando ela virou isso de cabeça para baixo: "Henry, se você pode fazer A e B, mas não pode fazer C, isso não significa que você não pode fazer D, E e F", eu sabia que ela era a pessoa certa para mim. Eu tinha chegado tão longe durante as semanas depois do acidente; agora não me importava se eu tinha tentado algo e não tinha funcionado. Se aquilo tinha acontecido, me fez por um ponto no assunto, e resolvi voltar a ele uma outra vez ou seguir em frente.

Desde o início, Ruth envolveu minha família, mostrando o que eles podiam fazer por mim e comigo. Uma das melhores coisas que ela fez no primeiro dia foi mostrar a Tom e Will — Dom era muito pequeno naquela época, e meu pai estava mal das costas — como fazer uma "transferência em pé" para que eu pudesse sair da cadeira e deitar no sofá. Basicamente, um deles tinha de ficar em pé na minha frente, abrir as pernas sobre minhas coxas, colocar os braços debaixo das minhas axilas, travar as mãos nas minhas costas, me agarrar, puxar-me para perto, levantar-se com as costas retas e me trazer com ele. Suas instruções eram tão claras, tão pragmáticas: "*Puxe-o,* Will! Ele não é feito de vidro!", que você não podia deixar de segui-las, aplicá-las e nunca mais precisava pedi-las novamente.

Ela nos mostrou exercícios novos e diferentes que eu podia fazer enquanto estava deitado na cama ou no sofá e tinha todos esses pequenos truques da profissão. Era a Mary Poppins do mundo da fisioterapia, fazendo com que tudo parecesse fácil, fundamentado e factível.

Voltei para a ala de reabilitação cheio de refeições caseiras (meus avós tinham amontoado uma pilha de comida, além dos pratos da minha mãe) e esperança, além de maior determinação para sair do hospital. Uma vez que os fisioterapeutas tinham sua maneira de fazer as coisas e eu não deveria usar a ajuda privada, não contei a eles sobre Ruth, mas não havia disfarce no fato de que, após cada fim de semana subsequente em casa, eu retornava ao hospital cheio de novas ideias sobre como fazer meus exercícios e, dentro de algumas semanas, pude sair de uma cadeira com um apoio de cabeça para uma cadeira menor sem encosto de cabeça. Isso foi, mesmo pelos meus cálculos, um enorme passo adiante e fez uma grande diferença na maneira como eu me via.

Uma vez que o encosto de cabeça foi retirado — "Muito bem, Henry!" —, Ruth me disse para pedir uma cadeira com rodas especiais que tivessem alças nas laterais, pequenos apoios de braço que ajudassem aqueles com pouco movimento nas mãos para praticar o empurrar. O hospital forneceu isso, mas o pedido deixou os fisioterapeutas ainda mais desconfiados, já que eu não tinha movimento nas mãos e, se eles ainda não tinham se dado conta, foi aí que tiveram em mente com firmeza que eu devia estar trabalhando com outra pessoa fora do hospital. Na vez seguinte em que vi Ruth, ela me mostrou uma carta do fisioterapeuta sênior do hospital, que sugeria em termos inequívocos que ela parasse de me atender. Até parece. Ela jogou a carta de lado, segurou meus braços e colocou minhas mãos nos apoios traseiros. Ela me fez pensar em empurrar, então fechei os olhos e, com toda a energia mental que eu podia convocar, concentrei minha mente em engajar meus músculos imobilizados, meu peito e meu grande dorsal, lugares que não conseguia sentir, a empurrar as rodas. Demorou umas poucas tentativas e, como eu tinha tão pouco uso de qualquer desses músculos, era principalmente uma força de vontade mental, mas, eventualmente, funcionou. Embora o movimento fosse minúsculo, imperceptível mesmo, para começar — levaria cerca de dez anos para ir do meu quarto de hospital até o carro nesse ritmo — cada fração de movimento parecia um quilômetro de possibilidades para mim. Passei horas — literalmente horas — praticando em casa, indo o mais longe possível na cozinha e na sala de estar, a tensão mental e física tão devastadora quanto estimulante.

Isso pareceu marcar um ponto crucial, e, quando os fisioterapeutas do hospital puderam ver o quão duro eu estava trabalhando para empurrar as rodas, quão determinado estava a conseguir o movimento, sem dizer nada de forma explícita, eles começaram realmente a trabalhar comigo, com base no que eu alcançava todos os fins de semana. Recebi uma cadeira ainda menor — uma cadeira de rodas comum — com apenas um encosto traseiro ligeiramente mais alto para me ajudar a manter o equilíbrio. Ninguém com meu nível de lesão, eles me disseram, já tinha estado em uma cadeira como aquela antes.

Ruth parecia pensar que eu estava pronto para experimentar as rodas E-motion que James estava usando, então, quando o representante de uma empresa de cadeiras de rodas veio me ver — sempre foi surpreendente que houvesse muita coisa *à venda* aos pacientes —, perguntamos se ele podia levar uma daquelas para o hospital. Tive uma sensação de independência quando, uma vez que o controle remoto em volta do meu pescoço tinha sido ligado e alguém me ajudou a colocar luvas com talas para manter minhas mãos rígidas, com luvas de couro sem dedos sobre elas, que me ajudavam a aderir melhor às rodas, eu forçava toda a minha concentração em meus ombros e, com um enorme esforço, me movia. E uma vez que comecei a me mover, não conseguia parar e praticava o máximo que podia, subindo e descendo a ala, dentro e fora do saguão. As pessoas vinham de todo o hospital para assistir. E foi ótimo. Eu estava agora mais perto de alcançar meu objetivo final no hospital e treinava com seriedade.

Ao ver quão confortável e feliz eu estava nessa cadeira, meus pais conseguiram comprar um modelo de demonstração dos fornecedores de cadeiras de rodas. Desde o acidente, um fundo havia sido criado para mim e, graças à generosidade de atividades de amigos, familiares e da arrecadação de fundos na Dulwich College e na Berkhamsted School, havia algum dinheiro me esperando para que fosse usado em equipamentos e fisioterapia privados. Sempre recebi com humildade o apoio e o amor que me mostravam e, quando essas coisas se tornaram tão tangíveis quanto uma cadeira de rodas que ia fazer toda a diferença, fiquei comovido pela gratidão. Assim que soube que ninguém tiraria a cadeira de mim ou tentaria me colocar em uma inadequada, senti-me seguro e pronto.

A semana antes de minha saída foi estranha. Estava entusiasmado para ir para casa, mas também preocupado com a maneira como seriam as coisas, sem o apoio com o qual eu estava tão acostumado no hospital. O que aconteceria se as coisas dessem errado ou minha família não conseguisse lidar com a situação? Tive alguns momentos sombrios de dúvida e crises de desconfiança. Mas isso foi principalmente durante a noite, enquanto adormecia. Durante o dia, eu me concentrei mais do que nunca em me empurrar. Houve várias reuniões com médicos, enfermeiros e terapeutas ocupacionais nas quais repassamos meu regime de medicamentos, a quantidade de equipamentos fornecidos pelo conselho local de que eu precisaria e as rotinas de higiene. Eles nos deram várias coisas extras, especialmente sacos de perna para urinar, e cada dia minha família esvaziava meu quarto um pouco mais, tirando os cartões, os desenhos e as fotos que ainda adornavam as paredes e as prateleiras, arrumando minhas roupas, DVDs e coisas que eu tinha de alguma forma conseguido acumular.

Então chegou o grande dia. Depois de seis meses de hospital, eu estava livre. Não tinha ficado emotivo por um tempo e mesmo no último dia eu não estava, já que o mais importante era mostrar a todos que eu poderia me mover — da minha cama ao estacionamento, uma distância que eu teria conseguido em alguns minutos seis meses antes, mas que agora parecia quilômetros e quilômetros. Quando estava sentado na cadeira, minhas mãos sobre as rodas, as enfermeiras ficaram de cada lado da ala e fizeram um corredor para eu passar. Já tinha havido muitos abraços e choro nos dias anteriores — minha mãe, em particular, tinha ficado extremamente próxima da equipe — e houve muitas lágrimas quando comecei minha jornada. Através do corredor, ao longo do saguão, através das portas de saída e para o estacionamento. Will e Dom estavam me aguardando perto do carro e, enquanto eu dirigia meus ombros o máximo possível, sem movimento ou controle de braço, saí em direção à luz, em direção aos meus irmãos sorridentes.

Eu tinha conseguido.

6

Empurrando-me

Eu tinha me empurrado para fora do hospital e agora estava em casa. Estar de volta em definitivo envolveu o fato de me acostumar, especialmente com a minha confiança nos cuidadores externos dos quais, ao lado da minha família, eu dependia, de uma forma ou de outra, 24 horas por dia, sete dias por semana. Mais uma vez, a maneira positiva e coesa com que todos se concentraram em cuidar de mim — que crucialmente também significava dar meu espaço e voz para determinar minhas necessidades — enfatizou ainda mais a importância do trabalho em equipe e nossa atitude coletiva, em grande parte não dita, de sempre seguir em frente.

Se olho para trás, e para aquele momento em particular, percebo quão mais forte mental e emocionalmente eu me tornaria. Enquanto mamãe, papai e meus irmãos tinham tido com maior ou menor frequência uma visão do copo meio cheio sobre a vida, eu tinha sido um cara preocupado, cauteloso e cuidadoso em praticamente tudo o que fazia. Senti que o tanto que eles me ajudaram, eu os ajudei com minha recém-encontrada resiliência. Eles também se alimentaram de mim. Desde o acidente e em um período relativamente curto, eu tinha me tornado muito mais resoluto, muito menos assustado de tentar coisas novas, mesmo que não estivessem funcionando, e, de alguma forma, tinha reprogramado meu cérebro para evitar olhar para as coisas erradas. Em vez disso, na maioria das vezes, conseguia olhar para as coisas certas, os lugares onde minhas energias seriam recompensadas pelo progresso, por menor que fosse. Todos nós percebemos que nos tornaríamos mais fortes se nos concentrássemos nas coisas que podíamos fazer, não nas que não podíamos. E para mim, o mais significativo, eu perceberia, é a arte de se esforçar que dá significado à vida, e quanto maior o desafio à minha frente, mais vivo eu me sentia; quanto maior o desafio, maior a oportunidade de alcançar meus objetivos, e quanto maior o objetivo, melhor eu poderia me tornar.

Queria aproveitar essa recém-encontrada atitude para com a vida e focar meu próximo conjunto de metas. Entendi claramente, talvez mais claramente do que qualquer coisa que eu já tinha entendido na vida, que eu precisava manter-me bem e ficar tão em forma quanto poderia estar. Ser fisicamente forte, quaisquer que fossem as minhas limitações, contribuiria para permanecer mentalmente robusto e vice-versa. Então, nos meses seguintes, me concentrei nas minhas sessões com Ruth, que agora vinha de duas a três vezes por semana, trabalhando comigo de maneiras novas e intensivas. Adorei tudo isso — estar no controle do meu corpo através de sua orientação especializada, descobrindo novos exercícios que eu poderia fazer para fortalecer as costas, mesmo que eu não pudesse senti-las, apenas me concentrando para que pudesse permanecer na minha cadeira de rodas sem apoio — e, quando ela não estava presente, passava horas na bicicleta FES que compramos com o dinheiro que as pessoas haviam angariado tão milagrosamente e disponibilizado para mim.

Esse período não foi livre de desafios. Eu era minucioso e exigente, possivelmente até com um pouco de TOC nas minhas instruções para ter os braços perfeitamente colocados nas almofadas no meu colo, ou para ter uma música específica tocando enquanto estava fazendo um exercício particular. Assim como fiquei impressionado com a gratidão no momento em que vi a luz do dia pela primeira vez desde o acidente, eu estava agradecido novamente por algo, todos os dias. E minha alma ainda estava sendo salva por aquelas pequenas grandes coisas da vida que continuavam acontecendo — uma palavra gentil, um gesto útil, mensagens de amigos, o suporte interminável dos amigos de minha mãe e do meu pai. Quando as pessoas apoiam você em mente, os obstáculos tornam-se mais fáceis de enfrentar.

Após essas primeiras semanas de ajuste entrando em algum tipo de rotina, minha mente se estabilizou e comecei a pensar no meu próximo grande desafio, um desafio que mudaria minha vida. Só de pensar nele meu cérebro zumbia e meu coração acelerava e, quando eu estava na bicicleta, eu lhe dava forma e decidi conversar com meus pais para colocá-lo em ação.

Mesmo que não tivesse sido exatamente o Einstein na escola, tinha sido um aluno bom e cuidadoso. Tinha feito o suficiente nos GCSEs e as coisas ainda estavam inacabadas. Tinha feito AS Levels e queria completar a tarefa e obter A Levels[7]. Nunca fui bom em deixar as coisas feitas pela metade; minha infância foi dominada por horas e horas terminando construções complexas de Lego que mantinham minha família à espera por séculos. A ideia de voltar para a escola estava rodopiando dentro de mim havia algum tempo antes mesmo de sair do hospital, e, quando disse a meus pais que queria completar o último ano, eles ficaram surpresos, mas foram totalmente solidários. Então, começaram alguns meses de discussão com as autoridades da Dulwich, e todos ficaram de olho para o que poderia ser possível.

Não havia nada de errado com a minha mente e, como ela seria o que eu usaria para estudar, parecia, para mim, factível voltar à escola. Não queria abordar o assunto sem entusiasmo e não queria mudar para uma escola local. Queria voltar para Dulwich como um aluno interno semanal, assistir às aulas como todos os outros e ter uma vida tão normal quanto possível enquanto estivesse lá.

---

7. A Level é uma qualificação acadêmica obtida por estudantes britânicos, geralmente aos 18 anos (N.T.).

A Dulwich College é um lugar visionário onde as coisas acontecem, e, graças à cooperação esclarecida e incondicional de professores e funcionários, pareceu-me perfeitamente possível voltar. Eles fizeram tudo o que puderam para me levar de volta à escola. Mostraram um apoio incrível desde os primeiros dias do meu acidente. E assim, no início do ano letivo, voltei para a escola para fazer os A Levels: escolhi Educação Física e Economia. Decidimos entre nós e a escola que uma semana completa podia ser demais para mim, então uma semana mais curta — de domingo à noite até quinta-feira à tarde — seria melhor. Eu tinha um cuidador que me acompanhava para ajudar com minhas rotinas diárias e, generosamente, nos foi dado todo o piso térreo de um dos alojamentos. Tínhamos um quarto cada um, e a escola adaptou e arrumou o meu, instalando uma cadeira de banho especial no banheiro e muitos aquecedores para me manter aquecido quando meu corpo não sabia que estava frio.

Meus pais estavam apreensivos quanto à maneira como eu iria enfrentar esse novo desafio. Eu também, e demorou um pouco para tudo se assentar. Meu quarto era agradável o suficiente, mas não era minha casa, com a luz e o conforto familiares. E mesmo tendo meu cuidador e o apoio da equipe, estava em grande parte sozinho, sem a segurança tranquila e constante de ter minha mãe por perto. Eu também estava ciente do impacto físico e emocional que um novo ambiente e rotina poderiam ter em mim. Levantar-me todos os dias às quinze para as seis e ir para a cama por volta das onze — com um dia agitado no meio — era extenuante, e nas primeiras semanas foi preciso muita determinação e vontade de poder superar. O uniforme completo da escola — camisa, blazer, calça social e gravata — não era exatamente minha noção de roupa confortável; nem ter de entrar nele a melhor maneira de começar o dia. Superar um dos meus maiores ódios — não fechar o botão superior da camisa — tornou-se um grande problema e algumas vezes quase me prejudicou. Porque meu pescoço era muito maior e desproporcional ao resto do corpo, musculoso e amplo, não consegui encontrar uma camisa que fechasse ao redor dele, e isso me incomodou de verdade. É estranho, às vezes, como as menores coisas assumem uma proporção tão grande. Você deve estar pensando que eu deveria ter tido preocupações mais urgentes.

Pelo menos tinha permissão para perder a chamada, já que levava tanto tempo para me preparar a cada manhã. Também tive a sorte de que minhas aulas tinham sido programadas para começar no meio da manhã, então nunca tive de estar na classe no primeiro horário. A escola mudou minha aula de Educação Física para que fosse perto da minha sala de aula de Economia, o que reduziu a distância que eu tinha para viajar entre períodos e tomar parte daquela agitação quando todos correm de uma aula para a seguinte. Eles também me deixavam tirar um cochilo quando eu precisava, embora estivesse absolutamente determinado a nunca dormir durante nenhuma das aulas.

Dois A Levels não são exatamente uma agenda cheia e me assegurei de que controlava minha velocidade para que pudesse chegar a cada aula. Mas havia tantos modos tranquilos e discretos com os quais a escola me apoiava, coisas que eles tinham pensado e colocado em ação sem que eu ou meus pais tivéssemos de pedir, que nunca senti que era um fardo para alguém. Se eu não podia fazer uma tarefa a tempo, nenhum dos professores se importava, embora não me fizessem concessões quando se tratava de corrigir minhas redações às vezes embaralhadas, que eu fazia em casa no fim de semana usando o equipamento de reconhecimento de voz. E houve atos de bondade que me fizeram me sentir cuidado, especialmente a governanta armazenando meus chocolates favoritos na gaveta da escrivaninha, ou os tutores que cuidavam do meu pensionato que entravam no fim do dia para se atualizar e ver como eu estava levando as coisas.

Enquanto estava na escola durante a maior parte da semana, eu não podia ver Ruth, então minhas sessões de fisioterapia diminuíram muito e isso foi difícil para mim. Mas eu tinha me tornado esperto, mais capaz de detectar com facilidade os problemas e encontrar soluções. Comprei uma "estrada rolante", uma rampa inclinada compacta com rodinhas que meu cuidador montava, empurrava-me para cima e então me deixava por duas horas enquanto eu fazia exercícios, empurrando os ombros para baixo e movendo as rodas em várias velocidades, dependendo de quão cansado eu estava. Se meus amigos ou tutores entravam no meu quarto depois dos deveres de casa para uma conversa, eles geralmente me encontravam fazendo exercício, tentando manter o tônus muscular firme e pronto para as sessões com Ruth em casa. Eu percorria quilômetros por semana, feliz na minha nova zona de conforto de me empurrar.

Também ganhei peso depois de voltar para a escola. Os chocolates da Sra. Maguire eram definitivamente uma parte responsável por isso, mas também estava comendo três refeições muito grandes por dia: afinal, era uma escola de meninos com alimentação calórica. Eu precisava do combustível para me manter, mas não foi até terminar a escola que me olhei no espelho e fiquei chocado de me ver gordo. Sempre tinha sido esbelto e estado em forma e, no meu recém-encontrado estado de determinação, prometi mudar os hábitos alimentares. Até hoje, sou extremamente cuidadoso com o que como, geralmente excluindo uma grande refeição no meio do dia, pois isso costuma me deixar letárgico e imprestável durante a tarde.

Obviamente, não conseguia tomar notas ou mesmo usar um computador em sala de aula, e a escola sugeriu que eu tivesse alguém que servisse de "escriba" para mim, então fizemos um anúncio e encontramos Hayley, uma estudante de psicologia com quem me dei bem imediatamente. Ela era divertida, superorganizada e se dava muito bem com todos. Era maravilhoso tê-la ao meu lado na aula, tomando notas. Ela não estudou Educação Física ou Economia, mas, no final do ano, poderia ter feito as provas já que realmente entrou nos assuntos. Ela era tão rápida e brilhante que tivemos algumas ótimas discussões sobre alguns dos tópicos mais complicados, o que me ajudou muito.

O currículo do A Level de Educação Física tem um componente físico que eu não podia fazer, então, para contorná-lo, um dos meus professores propôs à banca examinadora que, dadas as minhas circunstâncias, eu fizesse um projeto que tivesse um lado prático. Ele então sugeriu que eu analisasse uma série de jogos de rúgbi em DVD, usando a nova tecnologia que os clubes de rúgbi da Premier League tinham sido pioneiros em adotar para examinar táticas, *knock-ons*, passes para a frente e outros, e providenciou para que um cara viesse e me mostrasse — e, claro, para a Hayley, como ela seria a pessoa que realmente inseriria os dados — como usá-lo. Esta foi a parte do meu trabalho de que mais gostei, e Hayley logo se tornou uma especialista em outro campo que ela não conhecia antes de me conhecer.

Todos os meus amigos já haviam deixado a escola— eu tinha estado no hospital e em casa por muito tempo no ano de seus A Levels —, mas um dos meus amigos, Ollie, que tinha estado na faculdade em um intercâmbio de rúgbi na Cidade do Cabo por um trimestre durante o meu ano de AS Level, mudou-se em tempo integral para fazer seus A Levels. Fiquei tão contente por ele estar lá e logo passamos a maior parte do nosso tempo livre juntos, pondo o assunto em dia do ponto em que o havíamos deixado quando ele voltou para a África do Sul. Eu conhecia poucos meninos da turma posterior à minha, e muitas vezes meus colegas que ainda não tinham tirado seu ano sabático ou estavam fora de universidade vinham me visitar. Aqueles que moravam longe estavam sempre em contato, checando como eu ia, nostálgicos, mesmo alguns meses fora, da vida escolar. Alguns dos meus amigos estavam trabalhando na escola em seus anos de folga, dando auxílio em aulas juniores ou treinamentos esportivos, e sempre vinham passar algum tempo comigo.

A escola não diz respeito apenas a estudar e aprender: o lado social é tão importante quanto e, se na maioria dos dias eu só tinha um pequeno triângulo para navegar — do meu quarto até o bloco do ensino médio, até a sala de jantar —frequentemente entrava em contato com os meninos de outros anos. Era incrível como eu era tratado normalmente, embora inicialmente alguns meninos mais jovens ficassem um pouco tímidos em se aproximar. Mas, quando me tornei parte do tecido da vida escolar e puderam ver que eu conseguia conversar e participar das coisas, eles apareciam e diziam oi, e isso realmente mudava o meu dia.

Embora estivesse feliz e administrando bem a escola, os efeitos colaterais físicos eram enormes. A fadiga não se comparava a nada que eu já tivesse experimentado, se acumulando a cada semana, tanto que, no momento em que entrava no carro com minha mãe na quinta-feira, adormecia, acordando três ou quatro horas depois, ainda no carro na garagem de nossa casa, tendo adormecido muito rapidamente para a minha mãe e a cuidadora terem me colocado em casa. Estava decidido a manter minhas sessões semanais com Ruth, que foram remanejadas para sexta-feira, então os fins de semana eram o único momento para relaxar e me recuperar. Passados apenas treze meses do acidente eu não estava realmente consciente do tempo extra de descanso que meu corpo ainda precisava. Estava na maior parte do tempo cansado e muitas vezes doente com infecções urinárias, perdendo umas boas quinze semanas de escola ao longo daquele ano.

Mas consegui. Em junho, fiz os exames como todos os outros alunos, com o mesmo estresse e coragem. Hayley não tinha permissão de escrever para mim, porque ela tinha estado em todas as aulas e poderia compor melhores respostas do que eu, então uma professora redigiu para mim. Tive muito tempo extra e literalmente ditei minhas respostas para ela. Argumentei por cerca de dezesseis páginas no exame de Economia. Uma vez que eu estava embalado, não conseguia parar, regurgitando tudo o que tinha aprendido no que esperava que fosse uma maneira razoavelmente focada. É estranho dizer respostas em voz alta: você perde a autoconsciência que vem com a escrita e pode fazer as pequenas correções imediatamente. No começo não pude evitar tentar ler a linguagem corporal da professora — talvez ela endurecesse ou olhasse interrogativamente quando eu cometesse um erro ou fosse desajeitado na minha resposta —, mas logo eu estava no meu passo, concentrando-me em trazer algum grau de coerência ao que estava falando. Economia era difícil — todas essas teorias eram bastante difíceis de manter em mente, e muito mais difícil falar sobre —, mas achava o assunto tão interessante e envolvente que consegui dar respostas razoavelmente boas.

Tendo conseguido o que pretendia fazer, sair da escola foi uma oportunidade para me avaliar e me manter mais concentrado nas coisas que eu poderia fazer, progredindo, completando meus dias de escola, como todos os outros que tinham ficado para fazer seus A Levels. E mesmo que adoecesse com mais regularidade do que pensava ser possível, causando preocupação e tristeza à minha família, voltar para a escola foi a decisão correta, e saí com muita dignidade e uma quantidade incomensurável de gratidão.

Estar em casa novamente significou mais um período de ajuste, mas desta vez me senti extremamente mais independente, ou melhor, menos dependente. Não era só eu que tinha de me ajustar. Meus pais conseguiram reconstruir sua vida enquanto eu estava na escola, seguros por saber que eu estava em um lugar protegido, sendo bem cuidado, e então eu estava aqui, de volta, com todas as minhas exigências diárias, no que agora vejo que era um estado de esgotamento físico. Na maior parte do ano seguinte, concentrei-me em me fortalecer de novo, fazendo fisioterapia com Ruth até três vezes por semana. E funcionou — depois de alguns meses eu estava na melhor forma desde o acidente e poderia fazer duzentas repetições de alguns exercícios. Sentia-me saudável e bem novamente, menos cansado, mais desperto para o presente e, é claro, precisava de um novo desafio.

Quando cheguei em casa pela primeira vez do hospital, montei um site usando a tecnologia de reconhecimento de voz, de modo que todos aqueles que contribuíram — e ainda estavam contribuindo — para minha recuperação podiam ver como eu estava e quanto a generosidade deles estava alimentando meu progresso. Na escola, os professores o haviam achado útil para instruir os meninos mais jovens sobre o meu acidente, já que também escrevi sobre o que aconteceu comigo. Eu não o tinha alimentado tanto — não sou um escritor natural —, mas, agora que tinha algum tempo livre, eu o revisitei e escrevi a próxima parte da minha história. Estava usando um iPad neste ponto; eu o ganhara no Natal durante meu tempo na escola.

Claramente eu não era tão ruim assim, pois fui abordado por dois rapazes que meus irmãos e eu conhecíamos para que contribuísse para o site deles de rúgbi. Eles queriam que eu entrevistasse e analisasse os jogadores que chegavam por meio das equipes de rúgbi das escolas e universidades e comentasse as melhorias que poderiam ser feitas pelos jovens jogadores. Estava apreensivo com a qualidade da minha escrita, mas, como o assunto era essencialmente muito do que meus irmãos e eu falávamos, eu poderia fazer meus artigos como uma conversa, se não exatamente literários.

É incrível o que o ato de se mover em áreas além da sua zona de conforto pode fazer. Estava preocupado que, depois de ter terminado a escola e dedicado tempo para ficar em melhor forma, haveria um enorme vazio e não saberia como preenchê-lo. Mas estava aprendendo que agarrar as oportunidades à medida que surgiam, mesmo que parecessem um pouco desafiantes, tornava a vida interessante. Quando recebi uma ligação do agente de Will, que tinha visto e gostado das coisas que estava escrevendo, perguntando se ele poderia abordar a ESPN para ver se eles queriam me empregar, nem hesitei em aceitar. Estava no embalo, já que escrever para o site da ESPN me levou a ter meu material utilizado pela Sky, e isso levou o CEO dos Saracens a me oferecer um trabalho de três dias por semana. Basicamente, eu tinha de preparar material prévio às partidas para o site deles, escrevendo sobre as equipes que iam jogar, obtendo estatísticas sobre eles e fazendo — principalmente por e-mail — entrevistas com os jogadores.

Ganhar dinheiro me deu algum sentimento de independência e valor. Sempre pensei que iria para a universidade depois dos A Levels, mas a situação em que eu estava me permitiu ver diferentes opções, e lá estava eu ganhando dinheiro e fazendo algo que realmente só poderia sonhar em fazer. Se não podia mais jogar rúgbi, a segunda melhor opção era certamente ser pago para escrever sobre o que sempre foi minha paixão.

O CEO dos Saracens, Edward Griffiths, me acompanhava e um dia me perguntou se eu pensava em falar em público. Isso me silenciou por um instante ou dois. Se eu tinha pensado que a escrita estava além de mim, fazer isso estava em outro nível. Eu sempre tinha odiado falar em público, não conseguia falar na frente de meus colegas durante um seminário. Era algo sobre o qual eu tinha pensado no sentido de que admirava meus companheiros que debatiam e falavam em público. Nunca tinha tido a confiança para fazê-lo sozinho, mas, depois de uma breve hesitação, esse novo eu me encontrou respondendo que sim, eu tinha pensado nisso, mas nunca tinha arrumado tempo para fazer. Edward imediatamente se ofereceu para investir em um colega dele para me treinar, e, antes que eu soubesse, estava com David Priestley, um psicólogo que trabalhou comigo me treinando, tirando tudo do meu site, condensando tudo o que escrevi, espremendo para que qualquer palestra que desse não durasse mais de meia hora. Era uma habilidade real a maneira como ele trabalhava; gerenciando para reter os detalhes do que aconteceu, ao mesmo tempo em que trazia as coisas mais importantes que aprendi ao longo do caminho. Quando você está tão imerso em sua própria vida, especialmente quando algo o virou de cabeça para baixo, é difícil se afastar e ver, além do incidente em si, quais pedaços, se houver, são interessantes. Por que alguém que não me conhecia ficaria um pouco envolvido — além do valor do choque — pelo que tinha acontecido comigo? Não era como se todo mundo saltasse no mar diariamente e minha história os avisasse para não fazê-lo. Eu não era famoso, não era perspicaz, não tinha feito nada de impressionante. E era totalmente importante para mim não fazer uma palestra em que fosse passar uma impressão sentimentalista ou autopiedosa — que simplesmente não era e ainda não sou eu —, mas, por outro lado, como eu poderia falar sobre minha experiência sem mencionar o amor incondicional e o apoio da minha família, a bondade das pessoas, todas aquelas pequenas grandes coisas da vida que tornavam a jornada muito mais fácil? Tínhamos muito trabalho a fazer.

Depois de umas poucas sessões, David disse que ia definir a data da minha primeira palestra para "o próximo abril de 2014", e já que "o próximo abril" parecia quilômetros adiante, eu disse que estava bem, como se nunca pensasse que aquela data chegaria. Mas então era março e, de repente, um dos meus piores pesadelos estava prestes a se tornar realidade. Na semana anterior à palestra, David me levou para falar com seis pessoas que trabalhavam nos Saracens para um ensaio e, embora fosse útil, não conseguia parar de pensar nas cerca de cinquenta pessoas — jogadores do primeiro time e equipe dos Saracens, incluindo membros do conselho — para quem eu falaria de verdade em alguns dias. A semana inteira anterior à palestra eu estava um caco, perdido dentro da minha mente, aterrorizado pelo fato de que tudo daria errado e o público se retiraria um a um, deixando-me sozinho em minha cadeira de rodas encarando uma sala vazia. Talvez, pensei, quando acordei de mais um pesadelo, este era realmente um desafio muito distante.

No grande dia, eu estava com Will e alguns outros jogadores enquanto eles almoçavam. Estava nervoso demais para comer qualquer coisa. Meus dentes rangiam e eu mal podia falar. David me levou para a sala antes que todos se reunissem e se certificou de que eu podia ver que todas as coisas técnicas estavam funcionando — o retroprojetor, o laptop que ele usaria para rolar as páginas da minha apresentação durante minha fala. O dia estava lindo e o sol atravessava as janelas, e, quando fui apresentado e todos aplaudiram, pude ver que o rosto deles estava na sombra e o sol me impediu de ver se a plateia estava olhando diretamente para mim. Isso me ajudou tanto que era como se a natureza estivesse do meu lado. A sala era ampla e eu podia olhar muito ao redor, o que também facilitou. À medida que o silêncio caiu, a sala se encheu de uma espécie de expectativa e eu disse a mim mesmo: *Não se desaponte, diga-lhes o que deseja que eles ouçam*. David sorriu para mim e comecei a falar.

Com apenas uma frase, deslanchei. Talvez estivesse esperando para contar minha história o tempo todo; talvez, em algum lugar, eu quisesse compartilhar o que tinha passado e tornar mais fácil para os outros verem que eu estava bem, apesar de ser um tetraplégico, o pior pesadelo imaginável para uma equipe de jogadores de rúgbi profissionais. Quando terminei e o público bateu palmas, foi o maior alívio do mundo. De repente, me senti alguns centímetros mais alto, como se pudesse me sentar reto e olhar para eles nos olhos, e estava bastante comovido quando as pessoas vieram me parabenizar.

Desde então, não tenho olhado para trás e dou palestras regularmente em clubes esportivos, eventos de caridade e escolas. Falei para públicos com menos de dez pessoas e públicos de várias centenas e ainda não posso acreditar que superei um dos meus maiores medos. Há sempre um momento em cada palestra quando saio de mim e posso ouvir minha voz ressoando no silêncio e penso: *aquele sou eu mesmo?* Sou, e se há uma coisa que aprendi em toda essa experiência é que ser derrotado na vida é opcional. Se você programar sua mente para algo e trabalhar duro para alcançá-lo, os medos podem ser superados, e o sucesso pessoal, alcançado. Isso me deu uma confiança que nunca soube que tinha.

Trabalhar para os Saracens expandiu minha vida de maneiras que eu não achava possível. Mas, no final de 2014, tive uma sensação irritante de que não tinha muito mais a contribuir, que estava produzindo artigos em maior quantidade mas com menos qualidade, que minha escrita estava ficando presa, minha voz e análise não eram mais frescas e que provavelmente deveria concentrar-me mais nas minhas palestras. Pedi algum tempo para pensar sobre o que queria fazer, e, como de costume, Edward e sua equipe foram incrivelmente atenciosos, me dando uma pausa de três meses e encontrando alguém para me substituir.

Foi algumas semanas depois, quando estava preso na cama, esperando impacientemente uma ferida nas costas se curar, que encontrei o que estava para abrir o próximo capítulo da minha vida.

7

A arte de lutar dá significado

Deitar na cama esperando uma ferida teimosa se curar nunca é legal. A cada vinte minutos aproximadamente tinha de me deitar de um lado para arejar as costas, então virar para o outro lado e depois sentar com almofadas atrás de mim para aliviar a pressão. Toda essa mudança de posição significava que minha cuidadora tinha de continuar me movendo, cruzando minhas pernas, descruzando minhas pernas, me girando, me erguendo e me deixando louco. E eu estava muito entediado. Aborrecido, fora de mim. Só quando eu estava sentado podia usar o iPad e isso também envolvia muita ajuda — ter almofadas no colo, o iPad nas almofadas — e, de qualquer forma, havia muitos jogos que eu podia jogar ou programas de TV que eu podia assistir.

Uma manhã, rastreando vários aplicativos, encontrei um de desenho realmente básico e o baixei. Sempre amei arte quando era jovem, mas comecei a me desapaixonar à medida que fui ficando mais velho — cursei arte no GCSE e no AS Level — e estava curioso para ver se eu poderia usar o aplicativo com a boca. Tinha usado uma varinha de boca por algum tempo — nós a tínhamos visto no site de Christopher Reeve —, e meu pai, que se tornara muito adepto da adaptação de coisas para mim, tinha uma caneta para tela sensível ao toque e a colou na ponta da varinha, o que me permitia escrever e agora desenhar. Na verdade, minha família havia mencionado que eu gostaria de experimentar o desenho quando viram a incrível variedade de pinturas com a boca nas paredes do hospital Stoke Mandeville, mas, no meu antigo modo característico de não querer tentar caso falhasse, eu não tinha tomado muito conhecimento. Havia uma foto de Jonny Wilkinson fazendo um gol na Copa do Mundo no meu iPad, então tentei copiá-la. Levou séculos. A tela era pequena e minha caneta, que era larga na ponta que desenhava, não era particularmente precisa. Como estava com um humor arisco, no começo tudo pareceu um pouco impossível. Mas, quando peguei o jeito, clicando entre o aplicativo e a foto de Jonny Wilkinson até que pudesse recriá-lo de memória e o desenho tomou forma, lembrei-me de quanto amava arte e quanto tempo fazia desde que eu tinha feito alguma; então perseverei e compartilhei o resultado nas redes sociais.

As pessoas gostaram, e isso realmente me deu um impulso. É sempre bom quando aqueles que você não conhece se dão ao trabalho de enviar comentários gentis ou positivos, pois isso faz com que você se sinta apoiado. Estava comentando no Twitter e no Facebook um pouco sobre como eu via as coisas da minha perspectiva, como era a minha vida e como tinha encontrado formas de me adaptar e ser positivo sobre minha situação, e recebi principalmente respostas e comentários muito agradáveis. Mas também recebi algumas respostas cruéis, variando desde a insinuação de que eu deveria estar mentindo — como poderia postar no Twitter se não podia usar meus braços? — até as mais odiosas, alguns meses depois que comecei a desenhar, de uma mulher que me disse que eu "deveria ter morrido" e "não merecia" poder usar os braços e as pernas depois de mergulhar em águas rasas. Eu ficava sempre chocado quando as pessoas se comportavam daquela maneira, mas decidi desde o início lidar com elas de forma moderada e calma, para não provocá-las mais, mas esperançosamente fazer com que elas vissem que a gentileza é sempre o caminho.

Encorajado por aqueles que gostaram do meu desenho e me sentindo aliviado uma vez que a concentração necessária para completá-lo estava me distraindo de ser colocado na cama, escolhi a imagem de Lewis Hamilton quando foi campeão mundial de Fórmula 1 para a minha segunda tentativa. Definitivamente estava ficando mais hábil em usar o aplicativo, mas no meio do desenho seguinte, de Chris Hoy, ele desligou. Como precisava parar e começar com muita frequência, costumava salvar os desenhos, mas, quando baixei o aplicativo novamente, descobri que você não podia fazer o upload de nenhum dos seus desenhos anteriores.

Uma das melhores coisas desde o meu acidente foi a aquisição de um grau de paciência combinada com o tempo para pensar em resolver um problema. Em vez de abandonar a ideia de desenhar e seguir em frente, como teria feito no passado, procurei mais aplicativos e encontrei um chamado Sketch. Ele tinha uma ampla coleção de ferramentas de pintura e uma enorme variedade de cores. Continuei a desenhar imagens de esportistas homens e mulheres, que eu sempre admirara, logo minha escara tinha se curado e voltei para o andar de baixo, me sentindo bem física e mentalmente. Parecia que o desenho estava me dando uma sensação de propósito e continuei, minha ambição ficando mais ousada.

Um dia, Martin e Charlotte, amigos de meus pais, foram me visitar e estavam olhando meus desenhos no iPad. Martin disse que ele poderia construir um cavalete que eu poderia usar da minha cadeira de rodas. Era imensamente tocante como as pessoas ainda estavam tentando encontrar coisas que poderiam me ajudar, e, quando ele voltou duas semanas depois com uma grande construção de madeira para dentro da qual eu poderia ser empurrado, com o quadro na minha frente e um estrado ao meu redor, fiquei tão comovido que decidi naquele momento tentar desenhar no papel.

Procurei on-line por varinhas de boca nas quais eu poderia fixar canetas, lápis e pincéis e encontrei algumas muito legais que eram leves e relativamente simples de usar. Então comecei a desenhar com um desses instrumentos e, uma vez que me firmei, realmente gostei disso. O primeiro desenho que fiz foi de Rory McIlroy, para leiloar em um dia de caridade no golfe que um amigo nosso queria organizar. Ele queria que o dia fosse de arrecadação de fundos para mim, mas, como me sentia tão afortunado com o dinheiro disponível no meu fundo, sugeri que o fizessem para a Fundação de Células-tronco do Reino Unido. Eu tinha dado uma conferência aos convidados e agora também era capaz de doar algo para o leilão. Estava preocupado se o desenho não receberia lances, o que teria sido estranho, e fiquei muito aliviado quando ele foi vendido por uma quantia razoável.

Isso me deu certa confiança de que o que eu estava produzindo não era tão terrível, e depois disso estava distante, desenhando todos os dias, às vezes por horas, ainda concentrado em retratos a lápis. Descobri que a melhor maneira de começar era pelos olhos, e para mim eles capturavam a essência de uma pessoa, então trabalhava construindo a partir daí, sem adicionar muitos detalhes ao rosto, mas tentando mostrar o que fazia com que a pessoa fosse quem ela era. Bem curiosamente, foi o meu retrato de Audrey Hepburn — minha primeira encomenda — que recebeu muita atenção nas redes sociais, até mesmo alguns pedidos para comprá-lo.

Depois de poucos meses recebi algumas encomendas e, em seguida, Leckey, a empresa que fez minha cadeira de rodas, viu-as on-line e me ofereceu um cavalete especialmente adaptado, o que significava que eu poderia começar a pintar. Quatro meses depois, comecei a usar o iPad para desenhar, e isso abriu mais um mundo, logo parei de esboçar tudo e fui direto para o pincel, o que me deu uma tremenda liberdade. Usava tintas de aquarela, pois elas são as mais flexíveis, e a capacidade de limpar o pincel e continuar, raramente tendo de mudá-lo, me permitiu ficar muito mais focado.

Pintar na mesa em nossa sala da frente, que tem muitas janelas através das quais a luz entra, significava que eu não precisava usar luz artificial e descobri que trabalhava melhor se começasse ao meio-dia, geralmente continuando por quatro ou cinco horas até que uma pintura estivesse pronta. Minha cuidadora me conduzia para tão perto do cavalete quanto eu precisava estar, punha meus braços sobre as almofadas no meu colo, colocava um pano sobre meus braços para que eu pudesse secar meus pincéis, espalhava um cobertor no chão para evitar que ficasse manchado de tinta, ligava o rádio em uma estação de música e saía. Eu ainda gosto de ficar sozinho enquanto pinto, principalmente para que possa concentrar minha atenção no assunto que estou pintando, e em geral não paro até terminar, embora tenha de ter cuidado para não me machucar. Inclino-me para a frente para secar os pincéis e alcançar a tinta e a água e, em seguida, endireito-me novamente para a tela não ferir meu pescoço e o alto das minhas costas e tenho de ter cuidado para não pressionar demais os músculos do tronco.

Usar tinta é muito diferente de usar lápis, e, quando me lembrei de técnicas que tinha aprendido na escola, comecei a experimentar cores e camadas, mudando para pincéis menores que me permitiam adicionar mais profundidade e luz. Agora estava aceitando encomendas, algumas das quais incluíam animais e paisagens, eu tinha de ser flexível e demorou um pouco para me sentir confortável explorando esses novos temas.

A equipe e os alunos da Dulwich ainda estavam muito envolvidos e interessados no meu progresso e me perguntaram se eu gostaria de realizar uma exposição particular na escola no outono, em 14 de outubro de 2015. Eles tinham acabado de inaugurar um prédio de ciências de três andares novo em folha, com um átrio deslumbrante e iluminado que tinha como ponto central o barco que Sir Ernest Shackleton, um célebre ex-aluno da escola, e seus amigos haviam usado para sobreviver a uma difícil viagem para a Antártida. Foi necessário um pouco de autopersuasão de que minhas pinturas estavam em algum lugar perto do bom o suficiente para serem mostradas, mas, uma vez que a vida após o acidente trouxe a vontade de abrir novas portas e extrair o máximo de cada oportunidade, por mais improvável que fosse, eu aceitei.

Pouco antes da exposição, fui contratado para desenhar uma foto de Chris Robshaw, capitão da equipe de rúgbi da Inglaterra, para a capa do "The Scrum", o suplemento da Copa do Mundo do *The Times*. Mesmo depois de tê-lo enviado ao editor de arte, na verdade não pensei que o usariam, então, quando me deram uma cópia final da publicação, tive de respirar profundamente para me recuperar. Recebi alguns comentários muito legais sobre isso e pedidos de reproduções. Com a adição de camadas de tinta, isso me deu mais confiança na minha mostra.

Preparar-me para a exposição teve um pouco de pressão. Decidimos por um total de 24 pinturas, o suficiente para fazer o espaço parecer cheio. Isso significava todo um novo mundo de emoldurar, transportar e pendurar, e, quando minhas pinturas estavam postas naquele lugar mágico, eu realmente fiquei orgulhoso. A escola chamou vários convidados, e fiz uma palestra rápida sobre minha arte. Como tinha a minha sensação habitual de estar fora do corpo ao ouvir-me falar, pela primeira vez, enquanto falava em público, minha voz ficou entrecortada e eu estava dominado pela emoção. Não sei o que houve nessa ocasião em particular; talvez o momento tenha chegado muito rápido e todas aquelas pessoas estavam lá de fato para ver minhas pinturas. Eu tinha começado recentemente a fazer cópias limitadas das minhas favoritas e naquela noite as vendi aos montes. Durante dias depois pensei que tinha sonhado aquilo tudo.

Uma vez que a arte tinha começado a decolar, assim como os pedidos de palestras, descobri que precisava de alguma ajuda com a organização e a administração. Diane era uma pessoa que conhecíamos havia tempo, que tinha nos ajudado em eventos organizados para mim e estava facilitando muito minha vida. Perguntei-lhe o que pensava sobre outra exposição, e ela sugeriu o Grove, um hotel e local de conferência não muito longe da minha casa. Ela ligou para eles e, talvez porque eu morasse nas proximidades e tivessem visto alguns artigos na imprensa local sobre minha arte, eles nos ofereceram seu anexo novo em folha de forma totalmente gratuita. Decidimos por uma mostra particular no dia 8 e pela minha primeira exposição pública em 9 de julho de 2016.

A exibição de 24 pinturas na minha ex-escola tinha sido um desafio enorme. A realização de uma exposição pública era algo que eu nunca havia planejado na minha vida. Mas, novamente, o que na minha vida já estava planejado? Descobrimos que eu precisaria de cerca de cinquenta pinturas para preencher o espaço e, durante os meses seguintes, pintei quase constantemente. E entrei em pânico. Eu pintava, entrava em pânico e, às vezes, sentia que era demais. Daquela vez, a organização foi feita por nós — quem convidar, como receber na mostra particular e pública, como vender minhas reproduções. E se ninguém viesse? E se ninguém viesse mesmo que fossem convidados?

O acúmulo não era bom, e várias vezes me perguntei se tinha ido longe demais, ultrapassado o que poderia alcançar de maneira realista. Ficava acordando durante a noite com o peito apertado e pensava que era ansiedade, nervosismo — de modo algum físicos — e não contava a ninguém. Não tinha tempo para ficar doente ou fraco então eu deixava de lado o meu peito apertado e fazia toda a flexão e alongamento que eu precisava para pintar.

A outra coisa que estava me causando um pouco de preocupação foi que o Grove me pediu que convidasse também alguns famosos. Como o espaço era novo em folha, eles queriam mostrá-lo o mais amplamente possível, e eu estava realmente feliz em ajudar, então entrei em contato com meus conhecidos, principalmente jogadores de rúgbi, jornalistas de TV e esportivos, enviando mensagens e explicando do que se tratava. Muito para meu espanto, vários disseram que viriam. À medida que a exposição se aproximava, eu não conseguia acreditar que algum deles iria aparecer e estava ansioso para garantir que meus amigos e familiares estivessem à disposição para conversar com eles e fazê-los sentir-se tão bem-vindos quanto possível.

Chamei minha exposição de *Hand to Mouth*[8], por causa da conexão óbvia de ter sido capaz de usar minhas mãos, mas agora ter de usar a boca, e porque viver usando a boca como mão significa viver com recursos limitados, no meu caso os movimentos. Quando chegamos para pendurar as pinturas, minha mãe pacientemente (e impacientemente) recebeu minhas instruções: *não, vire-a uma fração de micromilímetro para a esquerda* —, até que tivéssemos pendurado todo o acervo. O anexo era bonito, uma extensão de vidro que permitia que a luz inundasse a sala.

Apesar das minhas preocupações, vários dos "nomes" que eu tinha convidado apareceram, o que criou um burburinho. Tinha decidido deixar o principal espaço da exposição fechado enquanto eu dava uma pequena palestra no foyer, onde penduramos algumas das minhas pinturas com frases, bem como um vídeo meu trabalhando nessas peças. Então, uma vez que fiz meu pronunciamento, abrimos as portas para o espaço de exposição,

8. Podendo ser traduzida literalmente como *Da mão para a boca*, a expressão "hand to mouth" em inglês é um trocadilho que signica "com uma mão na frente e outra atrás", ou seja, com poucos recursos (N.T.).

o que deu à coisa toda um pouco de drama, especialmente com uma tela grande em que eu estava pintando "Olho de falcão" — minha pintura de um falcão. Uma vez que tudo isso estava feito, comecei a relaxar e a noite passou num turbilhão de conversas. Consegui falar com todos os mais de 150 convidados e cheguei em casa depois da meia-noite, exausto, mas vibrando.

O dia seguinte estava ensolarado e, enquanto normalmente, depois de uma noite agitada, eu descansaria no dia seguinte, estava de volta ao Grove ao meio-dia para a exposição pública, apreensivo de novo que nenhum dos convidados fosse. Mas estava errado. Ao longo do dia, cerca de mil pessoas compareceram — enfrentando a fila pacientemente, algumas esperando séculos para conversar comigo, e tantas comprando reproduções que quase esgotaram algumas delas. Conversei com os visitantes durante seis horas e meia sem interrupção, inebriado pela excitação da incredulidade e pela adrenalina.

Diane, Dom, sua namorada e um amigo dele anotavam os pedidos. As três pinturas que provaram ser as mais populares foram "O gorila", "O leão" e "Audrey Hepburn". Essas reproduções esgotaram em duas horas mais ou menos, e, olhando para trás, deveríamos ter imprimido muitas mais. Também gosto de assinar minhas cópias limitadas, por isso estava ansioso para assinar mais de 250 delas. E por causa do espaço e das instalações deslumbrantes do Grove, as pessoas aproveitaram um pouco para passar o dia, dando uma passadinha na exposição e depois almoçando ou caminhando pelos jardins.

Ao ir para casa naquela noite, eu estava completamente destruído e, quando a excitação baixou, ficou claro que o aperto no peito que eu ignorara não estava indo embora. Após a exposição, fomos até Dorset e, depois de alguns momentos sentado ao sol, algo que normalmente amo e posso felizmente tolerar, minha pele ficou vermelha e foi dominada pelo frio, tanto que comecei a bater os dentes. Nas horas seguintes, não pude parar de tremer e meus pais tiveram de chamar os paramédicos. Os antibióticos que me deram não ajudaram e eu estava tão doente que vomitei sangue. Para encurtar uma longa história, na semana seguinte eu estava extremamente indisposto, a primeira vez que estava gravemente debilitado desde que eu tinha deixado o hospital, e senti-me pior do que o dia em que meus primos foram me visitar e eu não tinha conseguido vê-los. Nunca mais eu ignoraria as sensações do meu peito.

Minha recuperação foi lenta e isso marcou o começo de uma percepção de que eu tinha de regular meus passos, de que, quanto mais conseguisse e quanto maiores as demandas do meu tempo, mais cuidadoso eu devia ser para manter a saúde e o bem-estar mental. Manter minha rotina de fisioterapia e cumprir os prazos para a exposição foi exaustivo, e essa experiência me ensinou que eu não precisava ser tão duro comigo mesmo, que ficar doente me levaria três passos para trás.

Mas não poderia ter pedido mais da exposição — o local, o número de pessoas que foram ver, a maneira como minha família e amigos trabalharam juntos para garantir que minhas necessidades e meus desejos fossem atendidos, e eu estava, em momentos de reflexão silenciosa, ainda bastante aturdido que havia conseguido fazer tantas pinturas e que tinham sido tão bem recebidas. Mas concluir todas as pinturas, além das encomendas que tinha aceitado antes da exposição, com a infecção do tórax e a tensão emocional de me preocupar que ninguém viesse, quase tinha me matado de cansaço e decidi reduzir um pouco o ritmo das coisas.

Estava aceitando encomendas por um tempo. No começo, elas vinham de familiares e amigos, mas, desde que tinha colocado as pinturas no meu site, os pedidos passaram a vir do público, principalmente para fotos de seus animais de estimação, família ou coisas que tinham muito significado para elas. Minha encomenda preferida até então tinha sido de dois amigos, Josh e Lizzie, um casal que, independentemente e sem o conhecimento do outro, me pediu para pintar um quadro para o outro. Tinha tido que colocá-los em espera até depois da exposição, mas, assim que consegui, voltei ao trabalho. Lizzie encomendou uma pintura do pai de Josh jogando champagne sobre ele quando ele completou a maratona de Londres, e Josh encomendou um dos estuários da Ponte Pênsil de Clifton, onde aconteceu o primeiro encontro deles em um bar na universidade, em Bristol. Há um festival de balão todo ano e então acrescentei isso na imagem, e ela se transformou em uma pintura colorida e feliz com a qual eu estava realmente satisfeito. Havia sido a pintura mais complicada que já tinha feito pelo fato de a ponte ser completamente reta, e capturar sua perspectiva e colocar os ângulos no lugar certo tinha sido um desafio.

Por ter tido que atrasar as entregas e as duas eram presentes de aniversário, eles tiveram de contar um ao outro o que tinham feito. Convidei ambos ao mesmo tempo e foi muito legal quando eles viram o que o outro havia encomendado. No meu cavalete antigo estava a pintura de Josh para Lizzie, e a de Lizzie para Josh, no meu "novo" cavalete: primeiro revelei uma, depois a outra. Eu me senti um verdadeiro artista revelando o trabalho, aliviado por ter agradado meus clientes e sido capaz de manter tudo como uma surpresa.

A maioria das minhas encomendas tem sido agradável de pintar. Normalmente, peço às pessoas que me mandem algumas fotos para que possa decidir qual é a melhor opção para mim. Passo o tempo estudando-as e conhecendo o assunto tão bem quanto possível. Pintar os animais de estimação dos clientes é especialmente gratificante. Uma garota, a irmã de um amigo meu da escola preparatória com o qual eu não falava havia anos, enviou um e-mail pedindo que eu pintasse uma foto de seus cães para o aniversário dele. Um deles tinha morrido no ano anterior, mas, como eles eram seus bichos de estimação de infância e haviam ficado incrivelmente próximos um do outro, eu os coloquei juntos no Photoshop e consegui fazê-los parecerem próximos e aninhados — e vivos! A encomenda mais difícil que aceitei depois da ponte pênsil foi a de um veleiro, não só porque eu tinha de pintá-lo de lado para acomodar sua altura, mas também porque consegui a cor da vela errada e nada que fiz poderia corrigi-la. Tive de recomeçar, algo que só havia acontecido três vezes.

Há algumas coisas que não consigo pintar e tive de recusar alguns pedidos, como composições de um grupo de pessoas. A fim de enquadrar todos, eu teria de fazer o rosto de cada um bastante pequeno e chega um ponto em que muito detalhe em um pequeno espaço é muito difícil para manter. No entanto, pintei um pai e seus dois filhos, porque era uma imagem muito tocante. O homem estava olhando para seus filhos, então seu rosto não era muito detalhado, e as crianças eram muito jovens, logo eram relativamente fáceis de capturar.

Algumas das minhas encomendas me fazem querer me beliscar. Após o meu acidente, a Fundação Matt Hampson me adotou como um dos seus beneficiários e isso me favoreceu enormemente, já que recebi um aparelho elíptico com o dinheiro que tinham levantado para mim. Matt, ou Hambo, como ele é conhecido, foi ferido durante um treino de rúgbi da equipe para menores de 21 anos da Inglaterra em 2005 e ficou paralisado do pescoço para baixo, dependendo de um ventilador para respirar. Ele criou sua fundação para ajudar outros feridos nos esportes, e seu ethos — Get Busy Living[9] — combinado com sua generosidade, visão e a dedicação para ajudar os outros teve um efeito tão positivo em mim que, assim que

9. Em tradução livre, "esteja ocupado vivendo" (N.T.).

pude, me tornei um entusiasta defensor de seu trabalho, honrado por desempenhar qualquer papel que pudesse. Quando ele me disse que Sainsbury queria usar minhas pinturas para o calendário de 2017, eu fui ao céu. Eles me perguntaram se eu gostaria de adicionar novas pinturas dos atletas paraolímpicos, e escolhi Ellie Simmonds, David Weir e Jonnie Peacock, três lendas esportivas. A fundação acaba de começar a construir o Get Busy Living Centre, uma nova instalação de reabilitação de ponta, e os recursos obtidos com o meu calendário vão diretamente para isso.

Mais do que qualquer outra coisa que eu faça, sinto-me mais definido pela minha arte, mas, quando as pessoas me perguntam se penso em mim mesmo como artista, não posso responder que sim sem hesitar um momento ou dois. Sinto que você ganha a honra de ser um artista depois de ter feito isso por algum tempo, e ainda estou trabalhando no caminho para chegar a esse ponto. No meu perfil nas redes sociais me refiro a mim mesmo como um artista com a boca e é isso que eu sou. Mas não acho que já ganhei o título de artista. Faz apenas dois anos que estava na cama experimentando os aplicativos de desenho e definitivamente ainda estou aprendendo sobre técnicas e pinturas diferentes, ainda desenvolvendo meu estilo.

Esse tanto eu sei: a adversidade me deu um presente; permitiu-me descobrir uma habilidade que, de outra forma, eu nunca saberia que existia. E, por isso, sou profundamente grato.

8

Todo dia é um bom dia

Fiquei surpreso com o fato de que as pinturas de frases que tinha colocado no foyer da minha exposição *Hand to Mouth* chamaram tanta atenção e causaram tanta discussão — no próprio dia, e depois, quando as pessoas compraram as reproduções. Tinha pensado cuidadosamente sobre as palavras, mas não esperava que tivessem tal impacto. Refletindo sobre isso agora, suponho que elas deram às pessoas acesso mais direto aos meus pensamentos do que através de uma imagem ou pintura e que as frases que escolhi — "Aceite e adapte-se"; "Seja grato"; "As pequenas grandes coisas da vida" e "Todo dia é um bom dia" — eram entendimentos sobre o meu estado de espírito e corpo, bem como a minha visão da vida.

Parece haver muitos aspectos da minha situação e da minha deficiência que deixam as pessoas envolvidas — desde a forma como administro as tarefas simples do dia a dia até a habilidade de permanecer tão positivo — e as palavras que pintei pareciam capturar alguns deles. Cheguei tarde ao poder das palavras. Não era um grande fã de literatura inglesa na escola e só lia livros ocasionalmente, em especial biografias esportivas. Foi enquanto eu estava deitado na cama do hospital lendo e relendo todas as palavras que foram tão cuidadosa e refletidamente escolhidas para expressar o choque, a compaixão, a esperança e o amor pelo que aconteceu comigo que tive tempo e capacidade para realmente deixar o poder das palavras ser assimilado e assentar em mim.

Desde então, tenho tentado aproveitar algo da maneira como me expresso quando falo sobre minha situação, especialmente nas minhas palestras. Você pode dizer coisas em qualquer número de palavras, mas dizê-las do modo correto — que simultaneamente transmitam como está se sentindo e o que deseja comunicar, enquanto permanece fiel a si mesmo — é difícil e, enquanto ainda estou me esforçando para encontrar todas as palavras certas nas minhas conferências ou no meu site, as que escolhi para pintar significaram muito para mim.

"Aceite e adapte-se" foram palavras que encontrei facilmente, pois representam o próprio fundamento da minha jornada. Todos nos colocamos em situações difíceis e temos de lidar com a adversidade em alguns momentos da vida, mais profundamente do que outros, mas lidar com a dificuldade é diferente de encará-la e aceitá-la. Você pode ser atingido por uma doença ou uma mudança súbita nas circunstâncias e encontrar-se superando os dias ao lidar com os aspectos práticos, mas se sua mente está focada apenas em esperar que as coisas melhorem ou negar o resultado inevitável, vai bater logo em uma parede de tijolos. É, creio eu, apenas quando você aceita esse diagnóstico — e o prognóstico — que pode realmente seguir em frente.

Até o momento em que sentei pela primeira vez na cadeira de rodas em Stoke Mandeville, porque ainda não tinha me visto de fato, os pensamentos estavam à espreita em minha mente, que talvez tudo estivesse bem e quando estivesse "melhor" eu me levantaria da cama, sairia pela porta e retomaria a minha vida pré-Portugal. Mas, quando me vi nas portas de vidro e percebi a extensão e a severidade do que tinha acontecido, depois daquela longa noite de angústia quando cheguei a um nível tão baixo que não sabia que fosse tão fundo, encontrei a aceitação. Percebendo que não poderia ir mais para baixo, decidi que também poderia continuar com isso e enfrentar minha situação. Acho que, para mim, a aceitação veio quando deixei tudo para lá e cheguei ao fundo, e a única maneira de recuperar qualquer tipo de vida era virar as costas para aquela escuridão e mover-me na direção da luz. E até hoje não há dúvida de que, quando se trata de todas as muitas coisas que tive de enfrentar e fazer desde o meu acidente, aceitar minha situação foi a mais difícil que fiz.

A aceitação lhe dá a permissão e o poder para seguir em frente, e, uma vez que você segue, pode se adaptar. Estar paralisado do pescoço para baixo significava em um nível que eu não tinha escolha senão me adaptar — como não poderia? —, mas aceitar e assumir o controle mentalmente sobre como me adaptei me deu uma força interna e uma gama muito maior de opções e oportunidades no futuro. Tive de aprender uma maneira de viver muito diferente e tudo o que faço tem a ver com me adaptar. Algumas coisas, como usar a varinha de boca para pintar ou escrever ou me comunicar nas redes sociais, requerem muita prática para começar, mas não exigem muito mais adaptação; mas outras, como conhecer as limitações do meu corpo, exigem ajustes constantes, revisão e aceitação. Agora sei, depois de alguns anos de teimosia insistindo que poderia administrar tudo, que se durante a semana eu estiver fora, e também tiver encomendas para terminar ou uma palestra para ministrar, precisarei reduzir a fisioterapia. Ou, se estiver me sentindo ligeiramente abatido, precisarei reduzir minha carga de trabalho, mudar minha fisioterapia e descansar até me sentir melhor. Esses podem não parecer grandes ajustes, mas tornam as coisas mais gerenciáveis. E nisso não sou diferente de ninguém. Todo mundo precisa de um descanso se as coisas ficam muito agitadas, e tudo bem admitir para mim mesmo que preciso de mais descanso do que as outras pessoas.

Parte do processo de adaptação tem sido conseguir o equilíbrio entre me empurrar de maneira saudável e significativa e *precisar* me empurrar para provar — para mim, não para os outros — que *posso* me empurrar. Esse tem sido um processo gradual. Quando voltei para casa pela primeira vez, se alguém tivesse dito que eu não faria fisioterapia por uma semana, teria sentido uma dificuldade real em lidar com isso, já que me exercitar era minha única forma de ter controle, naqueles que eram então dias mais limitados, e eu teria visto não fazer isso como algo negativo. Mas, à medida que o tempo passou e assumi o controle de mais elementos da minha vida, e estou fazendo uma variedade maior de atividades, posso deixar de lado um pouco da minha rotina, sabendo que, se não fizer exercício esta semana, sempre haverá a próxima. É tão verdadeiro que uma mente saudável é um corpo saudável.

A aceitação e a adaptação me levaram em muitas direções novas e satisfatórias, mas ser grato tem formado minha atitude ao longo do caminho. A minha pintura bem instrutiva "Seja grato" recebeu muita atenção, suponho que seja porque as pessoas consideram que se sou grato e estou em uma cadeira de rodas, elas devem, com base em ter sua mobilidade, serem gratas por isso pelo menos. Mas ser grato não se trata disso. Não se trata de comparar o que não tenho com o que você tem. Isso é muito redutivo, na minha opinião. Ser grato é olhar em volta, abrindo os olhos para todas as pequenas coisas da vida que podemos dar como garantidas. Quando era incapaz de engolir e estava com tanta sede que não sabia como iria passar de um minuto para o outro, ter aqueles poucos segundos para chupar a esponja que minha mãe tinha permissão para mergulhar na água me fez tão grato por ter conseguido. Percebi que nunca tinha *saboreado* a água antes. Quando estava deitado de costas por semanas em um quarto sem janelas, ansiando tanto pela luz do sol que pensei que murcharia sem ela, e depois fui levado para fora, não sabia como processar a gratidão que senti por algo que eu nem mesmo tinha *pensado* sobre.

E pegue algo tão básico quanto o calor. A luz do sol, as longas noites de verão, quando o ar ainda está mantendo o calor do dia. A maioria de nós ama os meses de primavera e verão e se sente melhor quando o frio e a escuridão são deixados para trás. Mas para mim, uma vez que já não sou mais capaz de controlar a temperatura do meu corpo, é difícil colocar em palavras a diferença que o tempo mais quente faz para minha qualidade de vida. Na maior parte do tempo, não sei se tenho calor ou frio porque não consigo sentir a temperatura do corpo, então me estabilizar significa que tenho de usar roupas térmicas quando saio e, em ambientes fechados, um capuz para evitar que fique muito frio. Se faz frio ou simplesmente não faz calor, muitas vezes tenho de ficar no meu quarto — onde o aquecimento está no máximo, quase expulsando as outras pessoas — e tomar café da manhã lá porque sei que vou levar séculos para chegar à temperatura certa em qualquer outro cômodo. Então, minha gratidão pelo clima mais quente, e em particular pelo verão, é enorme, e o fim de semana em que os relógios são adiantados e sei que o inverno está para trás é uma época que aprecio ano após ano.

Ser grato pelas coisas que poderíamos dar por certo é algo que me agrada. Isso significa que posso me sentar lá fora e olhar ao meu redor, absorvendo a beleza das árvores, o sol na grama; e se isso soa sentimental, não é tão piegas quanto a gratidão que sinto por toda a minha família, amigos e pessoas que conheci desde o meu acidente que me apoiam, cujo amor incondicional, ajuda e trabalho em equipe são a base sobre a qual estão a minha vida e felicidade.

Mas ser grato pode ser cansativo e desanimador e não deve ser algo que o paralise ou escravize cada vez que alguém é amável, ou você vê o Sol ou as estrelas à noite. Não conseguiria passar o dia se tivesse que explorar minha gratidão toda vez que alguém fizesse algo por mim. Digo "obrigado" o suficiente em um dia para durar toda a vida. Para mim, trata-se de uma maneira de ver além da minha deficiência, elevar-me acima da autopiedade em que eu poderia chafurdar, procurar o positivo e ser grato pelo que tenho. Ser amargo sobre o que não tenho mais me desencorajaria, e estar abatido seria sombrio.

Claro, não é tudo um mar de rosas estar em uma cadeira de rodas, e ficaria louco se dissesse que estou agradecido por *todas as coisas*. Pode ser imensamente frustrante depender das pessoas para fazer quase tudo por mim. Pode me deixar louco não poder mudar de posição durante a noite. Pode ser frustrante quando tenho de passar pelo extremo das minhas necessidades com um novo cuidador. Pode ser frustrante quando adoeço com uma infecção no tórax ou na bexiga e não consigo melhorar tão rápido quanto costumava acontecer. E apenas estar na cadeira de rodas pode me exaurir muito.

Na verdade, não deveria estar em uma cadeira de rodas sem descansos de cabeça ou braço. Minha cadeira de rodas não foi projetada para alguém com a gravidade da minha paralisia, e, assim, ficar sentado nela o dia todo não é tão fácil quanto parece. Para me equilibrar e sentar ereto, tenho de recorrer ao poder dos poucos músculos trabalhados que me restam, e pode ser ferozmente cansativo mantê-los funcionando. Sentado na cadeira, pintando ou mesmo assistindo à TV, nunca estou totalmente relaxado e o esforço que isso exige, combinado com o meu corpo trabalhando por horas a mais para me manter ativo, contribui para minha fadiga geral. Há alguns dias em que ficar deitado na cama parece uma opção tentadora. Mas isso não é para mim, e estar na cadeira de rodas é crucial para a minha capacidade de determinar a forma como vivo, além de ser um grande motivador quando se trata de me exercitar. Quanto mais forte estou, fico mais capaz de me equilibrar e estar sentado na minha cadeira, e gosto da liberdade que isso me traz. Uma cadeira de rodas com descansos para a cabeça e braços pode pesar uma tonelada, enquanto minha cadeira é extremamente leve, e isso faz uma diferença real na minha habilidade de sair por aí, tornando a vida de quem me conduz para cima e para baixo nas escadas, ou através de multidões, muito mais fácil.

Em casa, descanso os braços sobre as almofadas colocadas no meu colo, mas, quando saio, enfaixo os ombros com fita para manter as articulações no lugar. Uma das consequências de ser colocado na cadeira de rodas errada, sem descansos de braço, foi que isso me causou uma subluxação dos ombros. Como eu não tinha músculos para manter a articulação no lugar, os tendões e os ligamentos se esticaram, criando uma fissura na articulação do ombro. Isso ainda causa muita dor e quando alguém está movendo meus braços precisa ter muito cuidado. Através do exercício direcionado, agora tenho mais músculos, mas porque ainda há fissuras, enfaixar os ombros me ajuda a manter as articulações no lugar, o que permite me equilibrar na minha cadeira com bastante conforto e me exercitar mais de maneira vigorosa. O enfaixamento leva uns momentos, e ao longo do tempo aprendi a pensar à frente, planejar, ter tempo suficiente para que o enfaixamento seja feito, tão frustrante quanto pode ser.

Mas a frustração não é o oposto da gratidão, e muitas vezes há uma maneira de contornar as coisas que me frustram. É tudo uma questão de olhar para o que posso fazer, não para o que não posso. E, o mais importante, para mim pelo menos, ser grato por todas as muitas coisas que posso fazer torna mais fácil mostrar aos que me cercam que estou profundamente agradecido por tudo o que fazem por mim.

Algumas dessas são "As pequenas grandes coisas da vida" que informava minha terceira pintura, porque minha jornada foi — e ainda está sendo — enriquecida pela atenção e bondade das pessoas. Não há um milímetro de dúvida em minha mente que o amor incondicional dos meus pais e irmãos, esse apoio emocional sem fim e sem fundo que eles me deram — e de um para o outro — durante aqueles dias obscuros iniciais, foi o que me fez sobreviver. Quando penso e me lembro — como meu pai, cuja empresa estava lutando durante aqueles dias sombrios de recessão, veio me ver todas as noites, não importava o quanto o estresse do trabalho exigisse; como Tom vinha da universidade todos os fins de semana, independentemente da interrupção que isso causava ao seu estudo ou vida social; como Will, que estava iniciando sua carreira profissional no rúgbi, vinha todo santo dia, quaisquer que fossem as exigências de seu treinamento; e como Dom, que estava estudando para seus GCSEs, vinha depois da escola e fazia as tarefas no meu quarto ou no andar de baixo, na cafeteria do hospital; e como minha mãe estava ao meu lado todo o tempo, minha companheira constante navegando neste novo mundo desconcertante para mim, para todos nós — mal posso compreender. Não houve grandes gestos, nenhum histrionismo, não havia necessidade de ninguém ser informado: isso é o que você faz, isso é o que se espera de você, esteja aqui, vá lá, faça isso, faça aquilo. Pelo contrário, a maré de amor e todas as pequenas grandes coisas que brotaram desse amor desenrolaram-se e continuam a se desenrolar desde então. E hoje em dia, como minha deficiência é a nossa regra, a miríade de pequenas grandes coisas da vida que eles e os outros fazem por mim é algo que nunca tomo como garantido. Que minha *yiayia* e minha tia *ainda* cozinham meus pratos favoritos para mim, que meus irmãos e meus amigos estão sempre prontos para uma noitada ou para assistir a uma partida de rúgbi ou passar o tempo comigo, que os amigos dos meus pais ainda estão atentos a eles, nunca falham em tocar-me.

Minha família e eu nunca esqueceremos dos gestos dos amigos e da família estendida enquanto eu estava no hospital, como deixar comida na soleira da porta para que meus irmãos tivessem um jantar adequado todas as noites, ou enviar-me cartões e mensagens que ainda significam tanto para nós todos. Eu realmente não sou capaz de enfatizar o suficiente o quanto saber que as pessoas pensavam em nós, saber que elas inventavam formas de nos apoiar através de seus pensamentos, ou cozinhando ou oferecendo ajuda, fez desses dias obscuros um tanto mais iluminados. Se eu souber que um amigo ou um membro da família, ou alguém cuja história me toca, está em perigo, agora penso em maneiras pelas quais posso ajudar ou enviar palavras de conforto.

Tenho a sorte de ter um perfil nas redes sociais e, enquanto fico feliz quando as pessoas me enviam comentários agradáveis sobre pinturas ou pensamentos que postei, os momentos que tomo com mais humildade são aqueles em que as pessoas se aproximam para me dizer que eu as tenho ajudado em momentos difíceis, que, ao ler minha história e as formas como aceitei e me adaptei, me empurrei e permaneci otimista, elas viram um caminho adiante diferente para elas. Acho que é uma confirmação de que as pequenas coisas que estou fazendo são as certas e, para algumas pessoas, talvez até as grandes coisas.

Como as pessoas parecem tomar nota de algumas das coisas que digo, recentemente fui encorajado a compartilhar meus pensamentos sobre questões mais amplas. Parece errado para mim que as decisões sobre benefícios e oportunidades para portadores de deficiência sejam tomadas, em geral, por aqueles que não entendem o que é ser deficiente. Para mim é direto — dê às pessoas o cuidado que elas precisam e então elas podem contribuir para a sociedade; dê a elas o mínimo e elas têm de lutar para sobreviver e não podem contribuir. Parece a mim e a muitos outros que as pessoas com deficiência estão sendo punidas por *estarem* incapacitadas, o que é uma injustiça total. Por enquanto, estou mais confortável em expressar minhas crenças nas redes sociais e não em uma plataforma política mais ampla. Mas agora que nunca digo nunca, combinado com a minha convicção de que, se as pessoas quiserem ouvir, eu posso falar pelos outros em uma posição semelhante ou menos afortunada do que a minha, posso dar voz mais publicamente aos meus pontos de vista sobre a necessidade de melhorar os direitos das pessoas que vivem com incapacidades ou deficiências. Não fazer isso seria irresponsável.

Enquanto tenho a tendência a manter-me preso ao meu roteiro quando dou palestras, gosto de responder às perguntas que o público pode ter. Há várias que são feitas regularmente, entre elas, se penso que vou, através de avanços na medicina, poder mover os braços ou andar de novo; se sou capaz de desfrutar de uma vida social normal, sair para baladas, ter namoradas; e o que penso que o futuro me reserva.

Quando estive pela primeira vez no hospital, em Portugal, meus pais estavam ávidos para me dizer que a ciência médica era incrível; que os avanços estavam sendo feitos muito rapidamente e coisas fantásticas eram possíveis. Isso, é claro, foi em grande parte devido ao choque em que estavam, uma forma de negação da situação em que eu estava, e a verdade era que nenhum de nós sabia nada sobre os fundamentos das lesões da medula espinhal, muito menos os avanços potenciais no tratamento. Mas, cinco anos depois do meu acidente, a ciência médica e, em particular, o trabalho de Geoffrey Raisman, neurocientista da University College de Londres, que, tristemente, faleceu em janeiro de 2017, levaram um deficiente a poder caminhar novamente. Darek Fidyka, que ficou paralisado da cintura para baixo depois de ter sido esfaqueado fora de sua casa pelo ex-marido de sua esposa, é capaz de caminhar novamente com a ajuda de órteses de perna e um andador. Em uma operação pioneira, Raisman e sua equipe removeram algumas das células do sr. Fidyka, dos nervos que corriam de seu nariz para o cérebro, e as injetaram no espaço de oito milímetros que a ferida de faca tinha deixado na coluna vertebral. Isso permitiu que as células nervosas danificadas aumentassem, restaurando sua medula espinhal, e ele agora tem sensibilidade abaixo da lesão nas pernas, intestino e bexiga. Se ele continuar a progredir, será a primeira pessoa a ter uma paralisia da medula espinhal revertida por uma operação.

Tudo isso foi possível graças ao transplante de suas próprias células-tronco, e, depois de ter lido sobre isso, sou um grande crente de que as células-tronco oferecem o melhor caminho a seguir no tratamento de algumas das condições mais debilitantes que existem. Já me envolvi com a Fundação de Células-tronco do Reino Unido, angariando fundos e ajudando a aumentar a conscientização sobre o que fazem. Ainda há um longo, longo caminho a percorrer. A lesão do sr. Fidyka não foi tão grave quanto a minha — ele podia usar os braços —, e ainda não é possível avaliar os efeitos a longo prazo de sua operação ou ver se funciona para outros. Mas em resposta à pergunta: "Você acha que nunca mais moverá os braços ou caminhará de novo sem ajuda?": mesmo que as chances não sejam tão elevadas durante a minha vida, com os avanços empolgantes que estão sendo feitos na pesquisa com células-tronco, pelo que sou continuamente grato, quem sabe o que pode acontecer?

Em termos de vida social, me divirto com meus irmãos e amigos e curto uma noitada fora ou sair no fim de semana. Quando bebo, tento me manter consciente do que está acontecendo ao meu redor, especialmente se todos os outros estão bebendo. Mas estou sempre impressionado por perceber como as pessoas são gentis comigo, juntando-se para levar minha cadeira de rodas para cima ou para baixo, certificando-se de que não me sinto deixado de lado, ajudando-me dentro e fora dos táxis. Acho que os adultos são muito mais melindrosos ou reservados no que se refere a perguntar o que realmente deve estar em suas mentes, enquanto as crianças são muito mais capazes de expressar seus próprios medos por meio de perguntas. Foi-me perguntado todo tipo de coisas, que vão desde como posso ir ao banheiro, até como levo a comida do prato até a boca e como visto minhas calças.

Mas a única coisa que me é perguntada com mais frequência é: "Dada a sua situação, você deve ter dias depressivos — há dias em que você se pergunta, por que eu?".

E, ao responder a isso, olho para quem me faz a pergunta e lhe digo que acordo todos os dias grato por tudo o que tenho na vida. Olho em volta e penso sobre a minha incrível família e amigos. A vida que meus pais deram aos meus irmãos e a mim. Acordo todos os dias e faço um trabalho que amo. Sou desafiado a mover-me de muitas maneiras, em muitos níveis, e estou sempre aprendendo, sempre avançando. Não são muitas pessoas que podem dizer isso, e, quando olho para a minha vida dessa forma, me considero muito afortunado. Por que deveria me sentir deprimido? Tenho muito para ser feliz.

Não vale a pena falar sobre o que deveria ou poderia ter sido. O passado aconteceu e não pode ser mudado; só pode ser aceito. A vida é muito mais simples e muito mais feliz quando você sempre olha o que pode fazer, não o que você não pode.

Todo dia é um bom dia.

Agradecimentos

Obrigado a todos que contribuíram para as pequenas grandes coisas, que tornaram a vida para a minha família e para mim muito mais feliz. Há muitas pessoas para mencionar pelo nome, mas vocês sabem quem são. Seremos eternamente gratos pelo que fazem e pelo que fizeram.

Obrigado a Neil Blair, de quem foi a ideia para este livro. E às minhas agentes Josephine Hayes e Zoe King. Amanda Harris, Olivia Morris e todos na Orion que tornaram o livro possível. Agradecimentos especiais a Gillian Stern, que me ajudou a passar as palavras para o papel e me permitiu contar a minha história.

Instituições de caridade que Henry apoia

Fundação para as Células-tronco do Reino Unido[10]

Desde o início da espécie humana, grupos de indivíduos tiveram sua vida diminuída ou encurtada por condições médicas para as quais não há solução. Todos os dias, e apesar dos principais avanços médicos ocorridos ao longo dos últimos duzentos anos, muitas pessoas ouvem a notícia de que não há tratamento efetivo para sua condição.

Em 2006 nasceu a Fundação para as Células-tronco do Reino Unido. Sua missão é promover a terapia com novas células, baseada em tratamentos para a clínica e ao alcance de indivíduos com poucas escolhas médicas. Com a ajuda de doações financeiras, ela permitiu que cerca de £25 milhões fossem

---

10. Disponível em: <www.ukscf.org>. Acesso em: 5 mar. 2018.

empregados no desenvolvimento de terapia de alta qualidade em todo o Reino Unido.

A Fundação é a única instituição de caridade dedicada ao desenvolvimento exclusivo de terapias baseadas em células-tronco e apoia as pesquisas que têm potencial para serem utilizadas clinicamente a curto e médio prazo. A utilização dessa abordagem levou a novas terapias a serem colocadas em uma série de ensaios clínicos.

Esse trabalho beneficia pacientes e ajuda a assegurar a posição do Reino Unido em um setor valioso da nova indústria.

Fundação Matt Hampson[11]

Matt Hampson optou por viver de maneira ativa depois de sofrer a lesão que mudou sua vida em 2005.

Essa é a filosofia por trás de tudo o que a Fundação Matt Hampson pretende fazer: ajudar as pessoas a ficarem ativas após uma lesão que altera sua vida. Seja ao ajudá-las a voltar ao esporte ou apenas a fazer ajustes em sua nova rotina, estão lá para ajudá-las e apoiá-las no caminho escolhido. Todos os beneficiários têm uma vida ativa e a fundação sente muito orgulho desse fato.

11. Disponível em: <www.matthampsonfoundation.org/>. Acesso em: 5 mar. 2018.

Propósito: inspirar e apoiar pessoas que se lesionaram gravemente durante a prática esportiva.

Missão — ter uma vida ativa: criar uma rede de apoio para pessoas lesionadas gravemente por meio do esporte e sua família para que ajudem umas às outras por meio do conhecimento e experiência compartilhados.

Este livro foi impresso pela gráfica
Assahi em papel norbrite 66,6 g.